歴史文化ライブラリー

86

日本の中世寺院

忘れられた自由都市

伊藤正敏

吉川弘文館

目次

中世の寺社

境内都市の風景と政治システム

寺社境内都市群と中世社会

巨大寺社と中世社会——プロローグ

出会い

皆さんがはじめて奈良の大仏をみたとき何を感じただろう。これは大きい、これはすごい、というのが普通の見方だろう。「仏教」という思想についてのイメージはどうだろう。無常観、わび、さび、悟りといった深遠《しんえん》なものを考えるだろう。そしていくつかの古さびた寺々の、しっとりした雰囲気《ふんいき》を思いうかべるだろう。本書は後者の観念をぶち破ることからはじめて、ふたたびそこに回帰する予定である。

寺院一般を無常《むじょう》の空間、聖域ととらえる考え方はかなり根強いものがある。これは大きなまちがいである。仏教思想と寺院・僧侶は、完全な別物として考えねばならない。

古代寺院は、宮殿でさえほとんど使われない瓦《かわら》やみごとな礎石《そせき》を使用し、極彩色《ごくさいしき》を施した豪壮な建物をもつ。寺院建築は何よりも、贅《ぜい》をつくした空間であるべく最大の努力をはらって建てられた。より大きくより華美に、これが寺院建築のめざしたものである。

たとえていえば、これらは今日の新宿西口や池袋の高層ビル街、お台場、また梅田ツインタワー、東京ほか各地ドーム、一昔前なら東京タワー・通天閣《つうてんかく》に相当する。都市および後述の都城《とじょう》に必ずみられるシンボル建築である。

本書が対象とする中世の巨大寺院もこの点はまったく同じで、前衛空間はさらに華麗さをます。古さびた寺院のたたずまいの価値は、平安中期以後新しく発見されてゆくが、寺院空間の最大の特徴は本来最先進前衛スペースである点にある。

さて、都市、未来、上品、大衆、商人、観念、道具、投機、脱落、知事、平等――現在使われているこれらの日常語は、どこから来たのであろう。答は簡単、全部仏教書からである。ではこれらを日常語に変えて今に伝えた媒介《ばいかい》は――いうまでもなく寺院である。もっと正確にいえば、これらはまぎれもなく中世寺僧《じそう》の遺産なのである。ただ寺僧も寺院も今日とは別世界の存在であった。現代的感覚は全部捨ててほしい。

本書を読むにあたって仏教思想についての理解はほとんど必要ない。だが「政治経済」の知識は必要なので、最初に最小限の概念だけをのべておこう。

宗教と呪術

神霊《しんれい》と人間とのあいだでおこなわれる疑似相互行為には、区別しにくい宗教と呪術《じゅじゅつ》という二つの類型がある。大雑把にいって呪術は自己の利益、当時のことばで「現世利益《げんぜりやく》」の実現を求め、宗教はどん底である現状を放置したまま、自分のほうが変わること、つまり自己の悟《さと》りによって苦しみ・悩みから解放されることを目的とする。私たちが宗教行為と思ってしていること、たとえば入試合格や病気治癒《ちゆ》のいのりは、実際は現世利益追求の呪術儀礼なのである。実際の個々の儀礼について宗教・呪術の厳密な区別をすることは、ともに神霊が介在するため困難な場合が多い。また大乗仏教などは現世における他者救済の行動主義的性格ももつ。だが現実におこなわれる儀礼は九九％呪術である。宗教儀礼は多く「ハレ」＝非日常、呪術儀礼は多く「ケ」＝日常の行為である。ファナティシズム＝熱狂は、現世利益の呪術より、損得を越えた宗教に顕著である。

呪術には社会の無事を祈願すること、それ自体を目的とするもの、呪術霊による強制、また対価をともなう第三次産業の性格をもつ手段としての呪術、などがあり多様である。賽銭《さいせん》箱にいくら入れるかの相場は不明確だが、呪術による病気治療への報酬などは、完全なサービス、すなわち経済行為である。呪術師におはらいなどをしてもらい、安心をえることもできる。これは一種のカウンセリングで、この点でも宗教と区別しにくい。

中世を通じて天台宗・真言宗という宗教（教義）の民衆への浸透は、まったくなかったと断言できる。教義上すべての仏の最高位にあるべき大日如来《だいにちにょらい》への信仰は非常に影が薄い。民衆信仰として浸透したのは、元三大師《がんざんだいし》・弘法《こうぼう》大師・聖徳太子信仰などの呪術である。天台宗では延暦寺中興の祖元三大師良源《りょうげん》を祭る儀式・法会《ほうえ》の元三会、真言宗では始祖弘法大師を祭る御影供《みえいく》などが、年に何度もくりかえされる寺の中心儀礼である。両者は聖徳太子と混同されて単に「タイシ」「ダイシ」ともよばれる。ついで大仏・観音・地蔵・文殊《もんじゅ》・虚空蔵《こくぞう》信仰、念仏・法華経信仰なども重要である。これらは混合して結局雑信仰となっている。これが中世を支配した「旧仏教」の実態で、きわめて泥くさい信仰である。

日本の仏教はインド・中国・朝鮮の仏教とは相違点が多すぎるため、仏教の根本思想では説明がつかない。たとえば彼岸を、一年を二分する節目とするほど重視する国はない。今日では「日本の仏教」ではなく、「日本仏教《にほんぶっきょう》」という世界にただひとつしかない呪術体系とみなされるようになりつつある。

チャーチとセクト

教団にはチャーチとセクトがある。チャーチはヨーロッパ中世カソリック教会のように社会に公認され、その成員が産まれながらにして、当然その教団の構成員であるとみなされるタイプである。一方、セクトは個人の自由意志によって入門するタイプ、初期のプロテスタント教会のようなものである。

近代日本の国家神道は法律で強制された強力なチャーチである。近世仏教も一定の法に支えられたチャーチである。当時はすべての家をそれぞれ特定の一寺に結合させ、死後はその寺に葬ることを義務づける寺檀《じだん》制度で、それをチェックする宗門改《しゅうもんあらため》がおこなわれた。

中世はどうか。仁平《にんぴょう》三年（一一五三）「所々に社壇《しゃだん》を建てて家々で漢礼《かんれい》をおこなう」ことを禁ずる法律がだされた。この意味の把握はむずかしく実効も疑問だが、非国家的な祭礼（道教的呪術か）の規制である。チャーチである実態を反映するものとみられる。

都市・村落共同体においては、中世人は産まれ落ちた瞬間、すでに事実上チャーチに属することになる。チャーチの一単位地域を管理する教会は、各都市・各村落の呪術祈禱の場である町堂《ちょうどう》・村堂《そんどう》である。鎮守《ちんじゅ》の森におかれた村の会合《えごう》組織の宮座《みやざ》や、そこで赤子に命名する名付《なづけ》行事となると、さらに具体的で宗門に類似してくる。中世仏教は法的チャーチでなく、事実上のチャーチである。このチャーチは院政時代に起源をもつが、「鎌倉旧仏教」ないし「顕密《けんみつ》体制」とよばれる。

なお共同体に属さず、チャーチにも属さない人びとが、非常に古くからいることを見逃してはいけない。遣唐使たちや修験道《しゅげんどう》の祖に仮託される伝説的呪術師役小角《えんのおづぬ》、最初弾圧され後に大僧正になった行基《ぎょうき》などである。この種の人びとについてはエリートの項でふれる予定である。

中世寺社――さよなら水戸黄門

かつては貴族の世の中から武士の世の中へ、という図式がまかりとおっていた。仏教ぎらいの水戸光圀《みつくに》の編纂《へんさん》した『大日本史』の影響で、現在の教科書にもうけつがれている。故人であるが黒田俊雄という偉大な歴史家がはじめてこのドグマを打ち破った。氏の寺院関係の学説の概略は、『寺社勢《じしゃせい》力《りょく》』という本に記されている。そこでは今までまったく注目されていなかった存在、「寺社勢力」に着目されている。多数の悪僧《あくそう》（俗にいう僧兵、武術を職業とする武士的僧侶、寺院の常備軍を構成する）と多数の荘園をもち、内裏・院御所などに武装集団を集結させて、要求実現のために嗷訴《ごうそ》という威嚇行為をくりかえす存在、比叡山・東大寺・興福寺などが、公家・幕府と並ぶ強大な第三勢力＝「寺社勢力」だった点を指摘された。

これは革命的な問題提起であった。そして中世国家は同質の存在である①公家《こうけ》＋②武《ぶ》家《け》＋③寺社勢力の三者の複合体の均衡と分業によってささえられる国家体制＝「権門体制《けんもんたいせい》」であるという説をだされ、これが現在の学界で最有力の学説となっている。公家は儀礼、幕府は警察権、寺社は国家安泰の祈禱（いわゆる鎮護国家祈禱）を、国家からわりあてられた「職能《しょくのう》」としており、三者が全体として民衆を支配していたという。これについての私の見解はおいおいのべていこう。ここでは皆さんの歴史の教科書とはまったくちがう見解が、プロの世界では常識であることを銘記していただきたい。ただし武士と貴族を同質のものとする考え方は何か変だ――こういう素直な疑問ももちつづけていただきたい。なお「公家」はほとんどの場合、「こうけ」とよみ、貴族というより、院や天皇を頂点とする官僚機構をさす語である。

黒田氏はまた戦国時代以前は、神秘主義的な密教《みっきょう》（秘密仏教）、つまりお経や本を読むだけでは真の悟りは開けないと考え、音声《おんじょう》で演出された儀式・儀礼を重視する思想に、事実上ぬりつぶされた顕密仏教が全寺院をおおいつくしていたと考える。なお「密教」に対する「顕教《けんぎょう》」は仏教学説である。

戦国新仏教と鎌倉仏教

今日「鎌倉新仏教」というまちがったよび方が定着しているが、黒田氏は一向宗《いっこうしゅう》・法華宗《ほっけしゅう》はじめ新仏教セクトは鎌倉時代には勢力がなく、戦国時代にはじめて、社会に一定の影響力をもつようになったことを指摘された。筆者も同感で、これらをチャーチ外独立セクト、「戦国新仏教」とよぶ。

ただ鎌倉時代は、後年戦国新仏教の核となるいろいろな信仰を未分化状態であわせもつ旧仏教思想、「なんでもあり」、ヴァーリ・トゥードの僧侶たちと、武士や民衆のあいまいな信者たちが、社会の大半を占めていた時代である。平安後期から増加する「念仏者《ねんぶつしゃ》」「持経者《じきょうしゃ》」、鎌倉中期に活躍をはじめる「禅律僧《ぜんりつそう》」などである。念仏者はのちの一向宗・浄土宗などの母体である。持経者は、法華経をはだ身はなさずもって全国六六国を廻国し、各国の主要寺社に法華経を奉納する人びと、六十六部《ろくじゅうろくぶ》（六部）であるが、日蓮宗《にちれんしゅう》のさきがけである。

平安末期の高野聖行勝《ぎょうしょう》は、常に法華経を読誦《どくじゅ》したので別名「持経上人」とよばれた（『本朝高僧伝《ほんちょうこうそうでん》』）。高野山の浄土信仰と接点が多いとはいえない法華経信仰が、同一人格のうちに共存していた。さらに禅と念仏の共通面と相互交流を指摘する研究者は多い。たとえば一遍《いっぺん》参禅伝説である。鎌倉時代末期に得宗《とくそう》・院の帰依をうけた律宗《りっしゅう》という宗派があるが、このチャーチ内セクトの一部には阿弥陀仏の「阿」の一字を名乗る「○阿」という浄土宗系念仏者が多く含まれていた。律宗と禅宗は同じ中国風教団組織をもち、「禅律僧」と一括してよばれた。

一遍の弟子が開いた念仏系の時衆は、金もうけの大黒《だいこく》信仰、天神《てんじん》信仰など、雑多な現世《げんぜ》利益《りやく》の仏神信仰を含み、専修《せんじゅ》・一仏帰依《いちぶつきえ》とは程遠い呪術的要素濃厚で、しかも組織度の低い旧仏教の「セクト未満」であった。

頭が混乱したかもしれないがそれでよい。実態そのものが混乱状態なのである。人びとは霊験ある呪術霊を、矛盾など無視して何でもとり入れた。現代人もヴォルテージは低いがよく似ている。まだ戦国新仏教セクトは無力であり、これらノンセクトまたはセクト未端の念仏者・持経者・禅律僧、それこそが鎌倉仏教の主役である。かれらはまじりあって、カオス状況ながら全体社会に高い仏教的ヴォルテージをかもしだした。これらを教学的にうるさく分類するのは意味がない。みな新仏教的エネルギーを秘めた旧仏教カオス＝「鎌倉仏教」である。このカオスからはみだして宗教に傾斜したのが、法然《ほうねん》・親鸞《しんらん》・日蓮《にちれん》以下戦国新仏教祖師個人であった。鎌倉仏教を語るのにかれらを無視することはできないが、かれらは全体社会の信仰を同時代において掌握しえてはいない。全体社会のエネギッシュ・カオスこそが時代精神である。歴史における個人の過大評価は禁物、みんな時代の風に吹かれているのである。

旧仏教の学侶《がくりょ》は、東大寺で華厳宗《けごんしゅう》や密教を、比叡山に行って天台宗や念仏を、さらに興福寺では法相宗《ほっそうしゅう》を学ぶ、といった人びとが多かった。各宗派の長所を学ぶわけである。これを「兼学《けんがく》」「兼修《けんじゅ》」といい旧仏教の特徴とされている。レベル的に兼修とはいいがたい素養のない行人《ぎょうにん》・遊行僧《ゆぎょうそう》や俗人も、多種多様の呪術霊を「雑修」的に信仰した。法然・親鸞・日蓮は、雑修的態度と複数の呪術霊や他の仏説をすて、阿弥陀や法華経のみを信ぜよ、と述べた。この「専修」は他宗批判になるので旧仏教の弾圧をこうむった。

だが大多数の人びとは、たとえ法然・親鸞門下であっても、結局は雑修的行動に走った。そしてこれこそ旧仏教の典型的特徴である。室町以前は旧仏教の天下であった。

無数の新仏教セクトがカオスの中から現れ消えた。そのうち必然性なく生き残ったのが先の戦国新仏教セクトで、蓮如《れんによ》など室町・戦国時代のアジテーターがかれら自身の力で巨大勢力に育てあげたものである。その前身セクトは鎌倉時代には、民衆雑信仰者を組織しえていない。宗教セクト中最大の本願寺系一向宗は、蓮如以前は親鸞の墓守《はかもり》にすぎなかった。

寺院史は寺院を研究対象とするものであり、仏教思想史とはほとんど無縁で、幕府論・公家論と同格の、政治史・経済史を中核とする社会分析である。本書ではほぼ南北朝時代を境に前期・後期寺院・神社をわけて分析する。

制度・状況

本書でしばしば使用する用語に「制度」と「状況」がある。制度とは社会的な了解を得ている価値の追求パターンをさし、多く法による保護と規制をともなう。お金をはらって物を買うのは、商法という法律にのっとった行為で、私有財《しゆうざい》産制《さんせい》という制度にしたがっている。山登りは自由な趣味であり、罪をおかさないかぎり、世間の了解や保護がある。このこと自体が非難されることも、そのため罰せられることもない。一方、状況は制度の対語で、この了解がない、あるいは了解事項が不安定に流動する状態である。たとえば戦争状態のときには、生き残るためには何をしてもかまわない、というノールール感覚がみられる。前者は安定と抑圧に結びつき、後者は可能性とアドヴェンチャーに結びつく。

原始時代に制度の保護などはない。自分をまもるため敵を法の力を借りずに倒さねばならない完全な自力救済《じりききゆうさい》の時代であった。この時代は腕力の強いものが絶対に勝つ。現代は法律が国民生活の大きな部分をカバーしている。無法な力の発動には法による制裁がまっている。歴史は、状況の社会から制度の社会へと、徐々に進んできた。だが現代でも状況的シチュエーションはある。本書であつかう中世という時代は、なかば法治国家、なかば自力救済の時代である。

自由

中世、「自由」ということばは、「自由狼藉《ろうぜき》」など、自分勝手というマイナスイメージの語として使われ、現代とはちがう。「自由出家《しゆつけ》」は、許可を

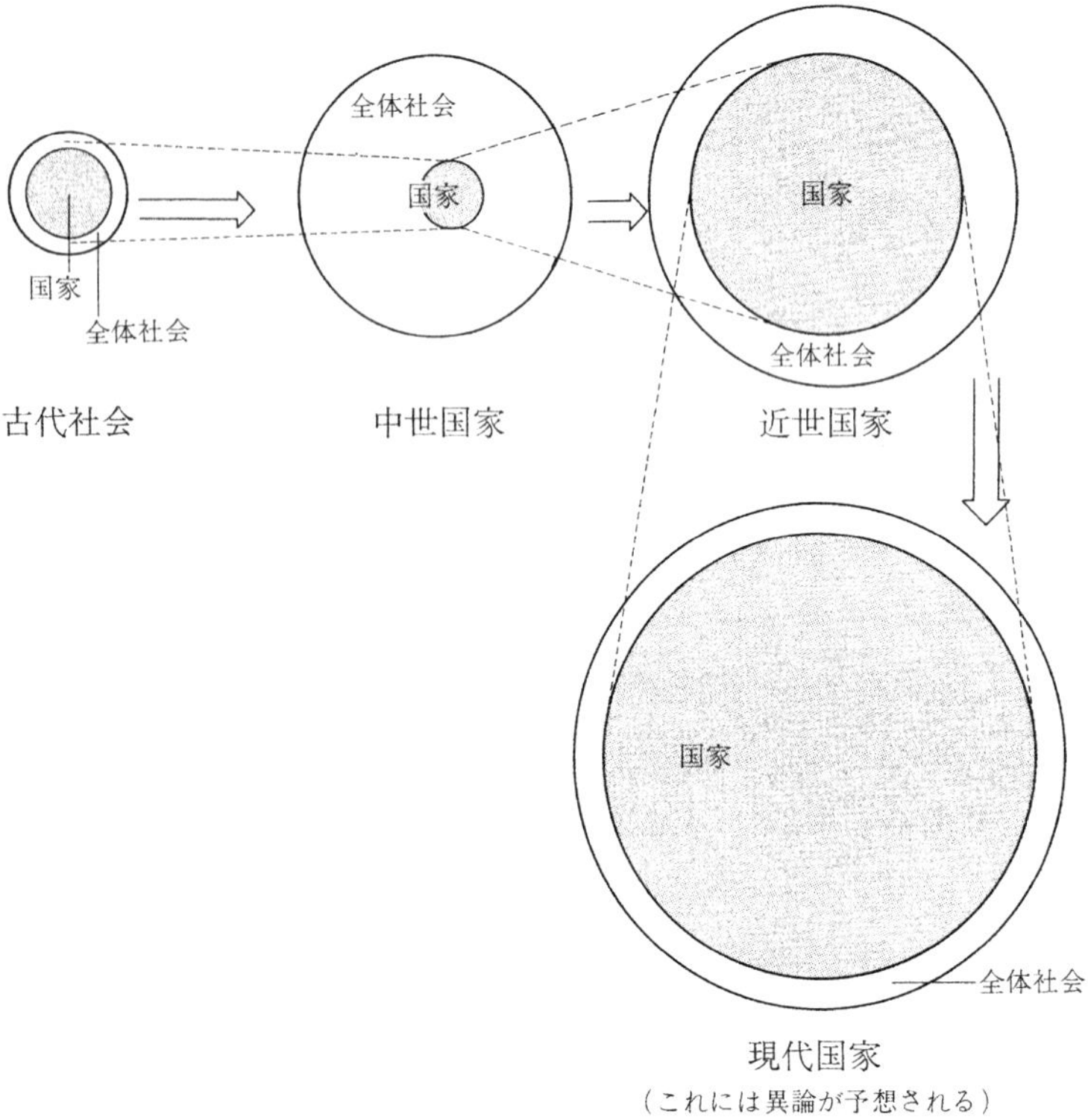
全体社会
国家
国家
全体社会
古代社会
中世国家
国家
全体社会
近世国家
国家
全体社会
現代国家
（これには異論が予想される）

図1　全体社会図

得ずに僧になることで、処罰をうける。だから本書で使う「自由都市」は多く「支配者なき無権力都市」の意味である。堺などをさす従来の用語とはちがうので注意してほしい。堺は政府のある「自治都市」で自由都市ではない。

本書の視角

さて本書全体を貫く最大の留意点がある。現代ですら「国家」「政権」はその領域内のすべての人びとの生活を網羅《もうら》的に管理してはいない。国家は軍事・裁判・警察を中心とした政治・行政をつかさどる機関である。それだけであって国民生活全般をコントロールするものではない。国家をふくみこんで人びとの生活全般が営まれる場とその営みのすべてをさして、「全体社会」というのが常識である。全体社会を構成するかたまりを、部分社会または全体社会の「元《げん》」という。今日では政界・財界・労働団体、圧力団体などである。最大の「元」は国家である。日本史のおくれている点は、「国家＝全体社会」というかたよった前提にしばられていることである。簡単な社会の概念図をかかげよう。日本中世は国家という部分社会の全体社会に占める割合が、最も小さい時代であった。

中世の寺社

中世寺社とは

中世寺社の発生

さて寺院にとって、また社会にとって、本来なら簡単にのべることはできない重大な変化がおこった。古代寺院は朝廷の財政援助により経営された。当時は基本的に国営寺院たる官寺しかなかった。そして朝廷の財政破綻とともに、東大寺などの官寺は事実上滅亡し、寺院は裸のまま放りだされ荒廃の一途をたどった。だが十世紀ごろから大寺院は突如として復興をはじめた。それも公家の手を借りず自力で。農民や非農業民が古代国家の賦課する高額の年貢や商工業税を忌避するため、より税率の低い寺社に参入したことが根本理由である。前者は寺社領荘園を増加させ、後者は多くの商工業座や、神社に魚などを納める神人などを発生させた。商工民は国家への尊敬の念などもたぬ下級僧侶・神官、行人・神人として寺社に参入した。そして古代寺院をはるかに上回る栄華をきわめ、ついには公家・幕府に匹敵する実力をもつにいたった。本書の対象はこの「中世にはじめて誕生した」巨大寺社群である。その主役は行人と後述の遊行僧で、身分の高い学侶（学僧）や宗教家ではない。今までの学侶史・高僧史を捨てさることが、まずなによりも必要である。

二重出家

このことばは理解しにくいだろう。文字どおりの意味としては出家した後、さらに二回目の出家をすることで、二回目の出家を「遁世《とんぜ》」ともいう。

寺院とは建前上は宗教心に目覚めて出家して行くところである。そこで雑念なく修行できる場のはずである。法然《ほうねん》は比叡山に登り「智恵《ちえ》第一の法然房」とよばれた。ところが不自由な黒谷《くろだに》というところへ二重《にじゅうしゅっけ》出家した。なぜだろう。最初の出家の後、かれが住んだ比叡山というところは、あまりにも腐敗した修行にふさわしくない場所である、と宗教者であるかれには認識されたのである。

当時の僧侶の世界では仏教の戒律《かいりつ》で堅く禁じられている妻帯《さいたい》が普通であった。世襲的に僧侶をだす「僧の家」という家筋《いえすじ》さえあった。また「なまぐさもの（鳥・魚）」を食べることも、生き物を殺す行為＝殺生《せっしょう》を前提とする。これも戒律に背くことであるが常態であった。『信長公記《しんちょうこうき》』元亀《げんき》元年（一五七〇）九月二十四日条には、比叡山に対して、信長《のぶなが》がその政治的要求を受入れなければ、全山を焼きはらうと威嚇している。そして「魚・鳥・女人等まで上げしめ、ほしいままの悪逆なり」と比叡山僧が禁制、とくに重大な女人《にょにん》禁制《きんぜい》を無視して公然と山内に女性をよび入れていたことを非難した。高野山の女人禁制もなかば破れていた。悪意的にいえば慢性化した破戒《はかい》状況にあった。寺内においては妻帯はごく普通であり、違和感も罪業感もない。だが外部権力信長はこれを焼討ちの口実とした。これが口実である証拠は、信長がより破戒的な鉄砲生産地の根来寺を、その供給を確保するために家臣団に組入れていることに明らかである。こちらは最悪の殺生戒につながる軍需産業をおこなっている。女人禁制は殺生戒と異なりインド以来の仏教の戒律ではない。

だが「破戒」は先入観を捨てさえすれば簡単に理解できる。寺院は戒律にしばられた宗教世界などではないのである。世俗と完全に同じ世界なのである。だから妻帯や僧の家も、貴族社会や武家社会や民衆のあいだで普通におこなわれている結婚・相続とまったく同じで、寺院は世俗《せぞく》と何一つちがいのないごく普通の社会であることがわかる。しかし求道者《ぐどうしゃ》にとって通常の寺院は、だからこそ二重出家が必要な「世俗世界」なのである。法然の認識は正しくまた誤った空論でもある。

武力闘争

つぎの年表をみれば寺院の世俗としての実態がよくわかる。長寛元年《ちょうかん》(一一六三)から数年の、比叡山の状況である。叡山は東塔《とうどう》・西塔《さいとう》・横川《よかわ》の三地区からなり、このブロックを三塔《さんとう》という。さらにそれが一六の谷にわかれる。ここに僧侶たちが日常住む子院《しいん》があった。最高位にある僧を天台座主《てんだいざす》といい、天皇家か摂関家の子弟に限られていた。皇族・上流貴族出身者を貴種《きしゅ》、その子院を門跡《もんぜき》とよんだ。中流貴族の子弟を良家《りょうけ》という。

長寛元年　六月　①園城寺《おんじょうじ》を攻め金堂《こんどう》を焼く、園城寺も反撃。
　二年　四月　後白河上皇登山、七日間逗留《とうりゅう》。
　　　　十月　②大衆《だいしゅ》(僧侶たち)大房《たいぼう》を伐り、天台座主を追放。
永万《えいまん》元年　八月　③清水寺焼討ち、その本寺興福寺との戦争をかろうじて回避。
　　　十二月　④子院同士の合戦から翌二月まで殺害が連続。
　　　　　　⑤大衆、座主房を切りはらう。
　二年　　　⑥横川悪僧が座主の赦免《しゃめん》を求める。東塔仏院政所《ぶついんまんどころ》・小谷岡本《おかもと》に城郭《じょうかく》を築く(これが最古の中世城館、武士の城よりも古い)。

これでは修行にならない。法然の遁世には十分な理由がある。仏教の研究どころではないのである。この時期の公家は政治的安定期にあり、東国でも不穏な動きはとくにない。社会不安に連動して事件がおこっているのではない。にもかかわらず叡山山上は年中行事のように闘争がおこっている。しかも座主房が攻撃を受けるなど、寺院としての統率はまるでない。院が登山したのは紛争調停や懐柔《かいじゅう》の意図があったのであろう。また①〜⑥までの合戦に一貫した理由はない。同時にこれだけ多くのトラブルをかかえているわけで、この慢性的紛争状況はこの時期の特別な現象ではない。『天台座主記』はその記述の最後まで、このような記事で埋めつくされている。そして十五世紀まで同じ状況がつづく。

同じことが公家・幕府でおこったら、どんな事態になるだろうか。史上に類をみない内乱時代を迎えたであろう。保元《ほげん》・平治《へいじ》の乱程度の戦闘は、叡山では日常茶飯事である。だが叡山は崩壊の兆しもみえなかった。同様の連年にわたる武力抗争や別当などの追放劇は、同時期の興福寺で、また高野山でもややおくれておこり、半永久的につづく。五〇〇年間滅亡せずにつづく。寺院は個別寺院単位でさえ組織的結束《けっそく》をもっていない。

寺院は組織ではなく僧侶の集合であるが、武家社会などと比較にならない激しい武力抗争を常態とする「世俗世界」なのである。実戦体験は武士の比ではない。信じがたい、許せない、というのは主観的な見方である。このような世界が存在する事実を素直にみとめることが、学問研究の第一歩なのである。

経済活動

だが実はこうした政治的混乱以上に、法然にとって寺院は遁世せざるをえない場所であった。当時の寺院はいったい何を「職業」としていたのだろうか（近年は国家的義務という意味をふくむ「職能《しよくのう》」という意味不明のことばが使われる）。また寺僧たちの最大関心事は何だったのだろうか。祈禱《きとう》であろうか。修行であろうか。礼拝《らいはい》であろうか。全部否である。

かりに寺院の特徴を一言でのべよといわれれば、「職種と人数の多さにおいて他に比類のない商工業技術者の集住地」である。これを高野山についてみてみよう。あまりに商人・職人の種類が多いので、一々出典をあげることができない。つぎのような職人がいる。

①建築関係　萱堂番匠《かやどうばんじよう》、大工、屋根葺《やねふき》、檜皮方《ひわだ》、曾木売買聖《そぎばいばいひじり》、大鋸引《おがひき》、木舞《こまい》、木引《こびき》、杣大工《そま》、鳥居丹塗《とりいにぬり》、材木屋《ざいもくや》

檜皮職人の多さはりっぱな檜皮葺建物の多さを示し、寺院の生活水準の高さを反映する。

②金　工　鋳師《いもじ》大工、銅細工《どうざいく》、金物士《かなものし》、鍛冶《かじ》、刀鍛冶（軍需産業）

③家具調度《ちようど》　樽造《たるづくり》、扇子《せんす》、檜物《ひもの》細工、檜物屋、畳《たたみ》大工職《しき》、塗師《ぬし》、土器作《かわらけづくり》

④服　飾　紺屋《こうや》、幕縫《まくぬい》、幕のほころび縫、草染《くさぞめ》、曝布《ぬのざらし》、皮染《かわぞめ》

この仕事の多彩さには驚かされる。女性労働が多いだろう。

⑤学　問　山上算師《さんし》、文書師《もんじょし》、筆師《ふでし》、図師職《ずししき》

⑥金　融　質屋《しちや》、蔵本《くらもと》

⑦食　物　味噌作《みそづくり》、大炊承仕《おおいしょうじ》（精進料理の料理人）

⑧芸　能　座頭《ざとう》、舞々《まいまい》、白拍子《しらびょうし》、八女《やおとめ》、田楽法師《でんがくほうし》、舞師《まいし》、相撲《すもう》、舞合力《まいごうりき》

⑨基礎的労働　草刈《くさかり》、銭持人夫《ぜにもちにんぷ》、馬飼《うまかい》、雪掻《ゆきかき》、開閉承仕《かいへいしょうじ》（諸堂の扉の開閉役）、掃除《そうじ》、花水供預《けすいくあずかり》・承仕《しょうじ》、湯聖《ゆひじり》、水取《みずとり》、荷輿丁《かよちょう》

⑩交通・流通　高瀬《たかせ》、船人《ふなびと》、夷丸船頭《えびすまるせんどう》、水手《かこ》、梶取《かんどり》、山崎船勧進《ふなかんじん》、橋木食《はしもくじき》、問丸《といまる》

このほか、高野山の下級僧侶である行人《ぎょうにん》が武具《ぶぐ》・鉄砲を製作していた。また「夷丸船頭」がみられるが、これはアイヌ民族居住地への貿易船であろう。

以上、高野山山上および山下天野社《さんげあまのしゃ》で活動する職人を、史料に現れる名称どおり忠実にあげたが、あまりに数が多いので見落としがきっとあるだろう。

職人のうち、萱堂番匠・曾木売買聖・開閉承仕・勧進僧・大炊承仕は僧侶である。永久三年（一一一五）に「大工としては高野山に不動堂《ふどうどう》という名の有名な塔作りの僧がいる」

（『平安遺文』四六六七号、以後この史料集は「平〇」と略記）という評判を記した史料がある。職人といっても漠然と俗人を思いうかべてはいけない。高野山において最初に検出される職人は僧侶であった。他寺の場合も髪をおろした法体《ほったい》の仏師《ぶっし》が最初に史料に現れる。そして戦国時代までは法体職人が多く絵画に描かれている。これが江戸時代になると俗人職人がほとんどになる。

　中世寺僧の大半は法然のような宗教者とは、求める価値がそもそもちがうのである。そしてここが大事なのだが、法然の側から寺院をみてはならないということである。「破戒僧侶」側が当時の多数意見である。法然・親鸞ら一握りの宗教者の思想は、同時代の一般僧侶や民衆のうち、ごく一部にしかとどいていない。従来の仏教史のゆがみはこの実態の無視に原因がある。現代人のほうが同時代人以上に、かれら時代を超越した偉人たちの思想の恩恵を、人生の指標として受けているといえよう。宗教史が客観性を保つためには、このことの自覚が必須である。

中世テクノポリス

最先端技術者たち

比叡山寺内《ひえいざんじない》で最上の身分にある学侶《がくりょ》（学僧）光宗《こうしゅう》が「渓嵐拾葉集《けいらんしゅうようしゅう》」（『大正新脩大蔵経《たいしょうしんしゅうだいぞうきょう》』）で、自分がそれまで学んだ技術として、武術・医学・土木・農業などの俗学《ぞくがく》をあげている。中世寺院は、学問にすぐれた僧侶を多く輩出《はいしゅつ》しており、教学《きょうがく》以外の俗学のほうが仏教よりずっとさかんであった。さらに寺院では高度な手工業技術の研究もなされ、実際に工業製品の大量生産がおこなわれた。重要なのは寺院総体が文明・文化を生産しつづける「場」であったことである。産業を寺社自身が積極的に育成・推進していたことである。寺院は最高の先生が集る教育の場であり、多数の人材を輩出した。どんな分野をとっても例外なく、武術でさえも、公家・武家をはるかに上回るスーパーテクノクラート、最高の技術者の集合が寺院であった。幕府・守護や朝廷が組織したテクノクラートもあるが、決して多いとはいえない。そのことは公家・武家が工事を寺社に発注した多数の例から明らかである。史料の残存度によるかたよりではない。技術の高さもさることながら、技術者集団の規模がまったくちがうのである。最高の先進文明・文化地域、中世テクノポリスがここにあった。

金融業

寺院でとくにさかんだった経済行為をあげていこう。まず金融である。金融活動はすでに平安時代初期の『日本霊異記《にほんりょういき》』に記載があり、その歴史は古い。『平家物語』では学侶より一段身分の低い行人の台頭原因に、高利貸《こうりがし》活動をあげている。金融ファンドとしては日吉上分米《ひえじょうぶんまい》（比叡山）、高野山奥之院銭《おくのいんせん》などが代表的である。俗人の金融業にくらべて寺社の高利貸が有利だったのは、仏神《ぶっしん》のものを借りたのであるから、もし返済を怠《おこた》ったりすると仏罰《ぶつばつ》・神罰《しんばつ》があたるという恐怖があり、比較的遅滞なく取立てができたためである。当時は最低でも年利一〇〇%という現在では考えられない高利だった。なにしろ現和歌山県海南《かいなん》市全域をふくみこむ巨大荘園の紀伊国三上荘《みかみのしょう》が、借米《しゃくまい》の質《しち》に熊野《くまの》に奪われてしまった例すらある（平二五六六、一一四五年）。

保元の乱後、後白河天皇は政治の立直しのため、「保元新制《ほげんしんせい》」（平二八七六、一一五七年）

とよばれる法律をだした。そこでは、

まさに国司をして停止《ちょうじ》せしむべき諸寺諸山悪僧濫行《しょじしょざんあくそうらんぎょう》の事、

興福寺《こうふくじ》　延暦寺　園城寺《おんじょうじ》　熊野　金峯山《きんぷせん》

右、悪僧の凶暴、禁遏《きんあつ》これ重し、しかるに彼三寺両山《かのさんじりょうざん》、夏衆《げしゅう》・彼岸衆《ひがんしゅう》・先達《せんだつ》・寄人《よりうど》等、あるいは僧の供料《くりょう》と号し、出挙《すいこ》の利を加増《かぞう》し、あるいは会頭料《えのとうりょう》と称し、公私物《くしのもの》をかすめ取る（中略）国の損害なり、

と「夏衆・彼岸衆・先達・寄人」という下級僧侶・神官の金融が槍玉《やりだま》にあがっている。「出挙」の語はこの時代ではもっぱら高利貸活動をさし、これが大きな社会問題になっていたことがわかる。行人《ぎょうにん》は、そのすべてではないが、金融を職業とする経済人であった。

軍需産業

武器製造とその備蓄が、寺院の特徴としてあげられる。著名な感神院《かんじんいん》（祇園社、今の八坂神社）の最下層身分にある犬神人《いぬじにん》は、弓のつるを製作することから「ツルメソ」とよばれた。南都《なんと》（奈良）では鎌倉時代末期に、手掻郷《てがいごう》において刀・鎧《よろい》・兜《かぶと》の製造販売が非常にさかんであった（『奈良市史』通史二）。熊野鍛冶も頬当《ほおあて》を作っていた。また根来寺《ねごろでら》は南北朝時代に弓・矢・楯《たて》の製造をおこなっていた。

北朝《ほくちょう》方の紀伊方面の大将である畠山義深《はたけやまよしふか》が根来寺に対し、「先日注文した楯がまだ納

入されていない。今月中に是非届けてほしい。なおどんな質の悪い弓矢でも、たとえ一張《ちょう》一腰《ふり》なりとも届けて欲しい」という手紙をだしている（御前家文書《みさきけもんじょ》一二・一四号、『和歌山県史』中世史料二、以後この史料集は「和〇」と略記）。

この地域で南北朝内乱がとくに激しく戦われた時期の文書であり、納入を極度に急がせているから、これは実戦用武器の大量注文で、もはや単なる武器製造とはいえない。あきらかに寺全体の方針としておこなわれる「軍需産業」と規定しなければなるまい。

戦国時代の根来寺は堺・近江国友とならぶ三大鉄砲生産地であるが、同時代史料に鉄砲製作がみえるのは高野山である。天正十三年（一五八五）の羽柴秀吉《はしばひでよし》の文書《もんじょ》に、「寺僧・行人そのほかの僧徒《そうと》は学問のたしなみがなく、仏教に関係のない武具鉄砲以下の製造をおこなっているが、これは悪逆無道《むどう》である」（総本山金剛峯寺《そうほんざんこんごうぶじ》編『高野山文書』金剛峯寺文書六六号、以後この史料集は「金〇」と略記）とある。行人らが武具・鉄砲製作をおこなっていた。

この前年小牧《こまき》・長久手《ながくて》の合戦に際してだされた徳川家康の文書（金九一）では、家康に味方し鉄砲五〇〇丁《ちょう》を持参すれば、大和《やまと》に二万石の土地を渡し、高野聖《こうやひじり》の廻国《かいこく》、つまり家康領内の自由通行と参詣勧誘《さんけいかんゆう》活動を許可する、という申し出があった。聖《ひじり》は行人よりさらに身分が低く全国を回って寺院への参詣を勧誘する人びとである。

粉河寺《こかわでら》・根来寺・高野山。これらが後期巨大寺社群の中核として大発展する基本的理由として、遊行僧《ゆぎょうそう》の活躍や観音信仰流布などによる参詣者の増大をあげるのは当然である。が、戦国時代における発展については、戦乱による武器需要の爆発的増加による戦争特需《とくじゅ》による売却利益に、より直接的な原因を求めなければならない。中世における軍需産業技術者集住地としての寺院の側面は、絶対に見逃せない。

経済活動の範囲

高山《こうざん》にある高野山に隣接する花園荘《はなぞののしょう》が、毎年恒例《こうれい》の役《やく》として高野山に昆布《こんぶ》を納めている（大日本古文書『高野山文書』六巻一二三一号、天文《てんぶん》十三年〔一五四四〕、以後この史料集は「高○」と略記）。東北地方北部以北にしか産しない商品を、本州の山間部に恒常的にもたらす商業ルートの存在がみとめられる。

金剛三昧院《こんごうざんまいいん》の禅律僧《ぜんりつそう》（律宗は鎌倉〜南北朝時代に大きな社会的勢力を誇ったチャーチ内セクト）は、外国語知識や国際情勢についての知見《ちけん》ももっていた。この子院にゆかりのある高野聖には貿易をおこなう能力と条件（関係的資源としての禅律僧）が十分ある。

資源には、物的資源（財力）・人的資源（動員可能人数）・情報資源などがある。目的を達成するための手段となるあらゆるもので、人間の利害と無縁なものは資源ではない。関係的資源はいわゆる人脈を含む広い概念で、目的を実現しようとする場合に、自分にない能力をもつ他人とのあいだに形成される結合関係である。これが恒久的連帯や主従関係に発展することもあるが、基本的には一回的なものである。

室町時代初期に「世捨人《よすてびと》」の古山珠阿《こざんしゅあ》（時衆《じしゅう》に多い○阿、いわゆる阿弥号《あみごう》の僧）は、何回もの高麗《こうらい》貿易によって高野山を再建した（高三巻三八二、『日吉社室町殿御社参記』）。恒常的貿易ルートの存在を示す。天文十三年（一五四四）の御影堂霊宝目録《みえいどうれいほうもくろく》（高六巻一二二六）には、島津忠良《しまづただよし》や対馬府中《つしまふちゅう》三光寺《さんこうじ》からの寄進物《きしんもつ》がみられる。高野聖の活動は遠く海を超えていた。海は、そして外国は、高野山にとって身近な場所なのである。

普請・作事（土木・建築）

寺院のおこなった重要な事業としては、普請《ふしん》・作事《さくじ》がある。普請はまず第一に、都市の創設時、さらには都市の宿命たる不断《ふだん》の改造に際して発生する。今日でも町を歩けば必ずどこかで工事にぶつかる。比叡山横川の開発、東塔・西塔の子院敷地造成などがそれにあたる。根来寺の場合は、岩盤を二段に削りだした、深さ約三メートル、掘方《ほりかた》幅三～五メートルもある長大な溝が発掘されている。子院の排水路から集水する幹線排水路とみられる。

僧侶のおこなった土木工事としては、重源《ちょうげん》による大坂狭山《さやま》池の修造《しゅうぞう》、往阿弥陀仏《おうあみだぶつ》という人物の鎌倉や九州での築港《ちっこう》事業が有名である。これらの事業がどのようにしておこなわれたかが問題である。重源の場合は高度な技術者と基礎的労働者を組織し、さらに貴族や武士だけでなく、庶民にも働きかけて募金を募り（「勧進《かんじん》」という）、全体社会を巻きこんだ壮大な事業であった点が注目される。往阿弥陀仏もその名前からみて、同様な勧進をおこなう念仏者系遊行僧だったと思われる。今も残る「和賀江島《わかえしま》」という鎌倉の港は、幕府の物資調達に必要不可欠な施設である。用水池の築造や農地の開発などの公共工事に僧侶が活躍したケースは実に多い。僧侶はこうした部門のすぐれたテクノクラートであった。

重源は源平《げんぺい》内乱で焼失した東大寺復興につくした巨人である。寺院の前衛空間の巨大建築を作る作事《さくじ》は、当時の日本で最大の工事であった。この二つの事業はGNPを累積的に拡大させるので、どんな産業より全体社会に対する経済効果が大きい。今日も同じである。

基礎的労働

普請・作事は先端技術＋基礎的労働の組合せである。ここでは最初にそれを確認した後、都市に後者の需要が大量に存在することを指摘しておきたい。大きな需要が予想されるのは、運搬・葬送・掃除などである。

『一遍聖絵』には遊行僧が小荷物を運送している姿がみられる。基礎的労働にしてその日の食料源確保の手段である。これは広義の流通にはちがいないが大げさに「流通」などとよぶべきではない。旅そのものが人生である遊行僧・遊行民の仕事は、特定の職業、たとえば病気治癒《ちゆ》の呪術や、家々の門前でさまざまな呪術的芸能をおこない対価として報酬を得る行為＝門付《かどづけ》、琵琶などに限定してはならない。可能な仕事は何でもするというのが実態である。このとき運搬は特段の技術を要さない、しかし重要な収入源である。

時衆とみられる善阿弥《ぜんあみ》などの山水河原者《せんずいかわらもの》は、銀閣寺付近にあった将軍の東山山荘《ひがしやまさんそう》の庭などを作り、作庭《さくてい》界のスターとなった。かれらは院・幕府の作庭師（御庭者《おにわもの》）として史料に現れる。だがそれ以前に東寺・興福寺などの子院に出入りし、すばらしい庭石があることを知っており、その石・樹木を譲与してもらっている。やはり寺院で世俗に先行して庭園芸術がはな開いていた。山水河原者は文化先進地たる寺院が育《はぐく》んだ芸術家であった。

この造園芸術のためには、巨石や樹木を移動する「力僕《りきぼく》」が必要である。この力僕は農民労働力などでないことはあきらかで、基礎的労働をになう御庭者組織の下層構成部分である。あらゆる事業に基礎的労働が必要なことは常識的に理解できる。だが史料に現れることは非常に少ない。当然すぎる事業だからであろう。

中世寺院を非難する人びとは、これらの事業は寺院の本来の目的を忘れた堕落、と決めつけておしまいにする。だが全体社会次元で寺院をみるならば、これらの産業が社会のニーズに対応し、寺院が果たすべき本来の営業、あるべき姿、時代の要請であることがみえるはずである。宗教ではなく公共事業の執行において、博愛主義的にせよ利己的にせよ、全体社会に貢献しているのである。今日多くの研究者が、こうした客観的でない非難を、無意識にせよ受入れている点が問題で、全体としての寺院史の歪みのもとになっている。

経済の発展段階　飛鳥《あすか》時代、斉明《さいめい》天皇の大土木工事は難航し、瓦葺《かわらぶき》宮殿は完成せず、運河開削《かいさく》は「狂心渠《たぶれごころのみぞ》」（狂気の通水工事）と風刺された。古代のたび重なる遷都《せんと》は社会に混乱しかのこさなかった。江戸時代はどうか。原田伴彦氏は、「江戸の小商人・小職人・日雇《ひやとい》などの細民《さいみん》が、食いつないでゆけたのは、一つにはたえまない火事のおかげで、小仕事にありつけるからでもある」とのべる。建築土木が全体社会にあたえる影響は、経済の発展段階によりまったく異なる。中世はこの経済効果がプラスに働きだした時代である。

中世は大開墾時代であり、後期になるほど開発が進む。開発行為は農業ではなくまぎれもなく土木工事である。また投資である。これが自然なかたちで経常的におこなわれつづけたことは、マクロ経済が中世を通じて順調に発展したことの何よりの証拠である。

中世的自由から生まれる全体社会経済は、それなりに安定している。市場原理という装置が働くためである。だが予定調和は達成されない。分配の不均等というきわめて重大な結果をのこす。寺院は経済社会であるから、上下貧富の落差が極端にははなはだしい世界である。

商人心――日本のプロテスタンティズム

仏教は金もうけなどの欲を否定する思想だときいたことがあるだろう。これはまちがいである。顕密仏教と世俗的経営との関係は、キリスト教新教、プロテスタンティズムが、天から与えられた仕事にはげむことをすすめて資本主義を育成した、その関係に対比することが可能である。

井原西鶴《いはらさいかく》の『世間胸算用《せけんむなざんよう》』「長崎の餅柱《もちばしら》」に、小商人が大商人に成功の秘訣《ひけつ》を聞いた話がある。答は、

それはみな商人心といふものなり。子細は、世間を見合はせ、来年はかならずあがるべきものを考へ、ふんごんで買置の思ひ入れあふ事より、拍子《ひようし》よく金銀かさむ事ぞかし。このふたつものがけせずしては、一生替る事なし。

商売は社会の動きをよく観察し、思い切った投機、イチかバチかのかけの心が必要である、というのである。この語が『大日経《だいにちきよう》』にある。商人心《しようにんしん》は人間のもつ一六〇心の一つで、『大日経疏《そ》』という注釈書では、

第二一に云何商人心（中略）世の商人の如は、先ず務めて貨物を儲聚《ちょしゅう》して（中略）此《この》物《もの》をば某処《ぼうしょ》の用に当て、彼の物をば某処の用に当てて大利《たいり》を得べし（中略）用て某人を接すべし、此れは大乗《だいじょう》の資粮《しろう》なり、是れ某縁の所要なりと、是を商人心と名づく

と説明する。中村元氏の『続仏教語散策』では、意味がまったく同じだと指摘されている。中世文書・寺社縁起《えんぎ》などに、この語を見つけることはできなかった。しかし通常大坂商人が、比較的難解な『大日経』に目を通す機会は多くなかろう。なぜこれを知っていたのか。

『大日経』は天台宗・真言宗ともに、最高の経典として位置づけている。密教、顕密仏教の根本経典である。天台宗は『法華経』、真言宗は『金剛頂経《こんごうちょうきょう》』を、それと並ぶそれぞれの教学の柱として特徴をアピールしている。先のことばは一種のたとえ話であるが、これを文字どおりの商行為の意味に翻訳して伝えたのは、商工業先進地の寺院に住むかの論客たち、世俗の経済行為に深い関心を持っていた寺僧たちであろう。

中村氏は「経済行為の意義」（『仏典のことば』）で、インド仏教の根本経典の『本生経《ほんじょうきょう》』に、人びとが財産を獲得すべきことが書かれており、その他の仏典にも経済行為に肯定的に言及したものが多いことから、原始仏教徒の経済倫理を「初期資本主義的」と評価

された。中村説の当否はともかく、仏教をあたかも経済的利の追求を完全否定する思想のごとく評価するのはあきらかに一面的である。

この思想が日本中世社会にどれだけ伝わり、どの程度浸透したか不明である。だが中世を支配した顕密仏教の最重要法典にのっている以上、中世寺院の人たちがよく知っていたことは疑いない。寺院が経済中心地として繁栄したことの理由の一つに「商人心」がある。時衆の祖師一遍は、財産・人間関係など一切を「捨てる」ことでさとりの境地に達した。これは宗教者としての一定の到達点であり現代にも通用する。だが「商人心」を字句のままに実践すれば、こうした欲をすてさる宗教との整合は困難である。「日本仏教」が「日本における仏教」ではなく、日本独自の仏教類似呪術であることを示す好例である。

プロテスタンティズムと資本主義、商人心と寺院の経済的営為、この関係はまったくフラットなのである。

僧侶と仏典

富を支えるには

お経を読んで意味を解説せよ、といわれたら私でもギブアップである。完全に意味を解説できる人になるためには、大変な長期にわたる勉強が要求される。だが寺院の高位《こうい》の僧侶はこれをおこなったのである。お経を実際に読んだ経験のある人ならわかるだろうが、これは大変な体力を必要とする。一般に僧侶は健康で長寿だといわれている。なかでも山伏《やまぶし》（修験者《しゅげんじゃ》）は、今日でも各県の山岳協会にはいっている人が多く健脚《けんきゃく》である。この猛勉強・猛特訓が大いに役立つのである。

役に立つのはどんな場合か。いうまでもなく論争の場で、仏典の文句を駆使しさらにそれを応用して相手を言い負かす。この能力を見込まれて、自分が当事者でない無関係な戦争の場合にさえ、軍使《ぐんし》として僧侶が交渉役に選ばれることがあった。

僧侶、おもに学侶にとって説法《せっぽう》は重要な義務である。かれらは日常的に問答《もんどう》をおこなっており、論議は法会《ほうえ》として確立されている。法会を勤めることは学侶の出世の要件である。ときには自身の地位や宗門《しゅうもん》の名誉をかけた、重大で過激な宗論《しゅうろん》の場にもかりだされる。

かれらは論理の世界において非常にすぐれた論客であり、音声《おんじょう》の世界でも多数の体験を積んだ名演説家である。高僧たちの名言は数かぎりなくのこっている。かれらは世俗のどんな弁士・学者よりも、弁論において巧《たく》みである。かれらはいわば最高のソフィストたちであった。ソフィストというと語感が悪いのだが、ここではそうした批判的意味をこめないで、「論客《ろんきゃく》」といった意味で記述を進めたい。仏教の修行は教相《きょうそう》と事相《じそう》に大別される。前者は経典を読むなど頭を使う勉強（顕《けんぎょう》教的部分）、後者は言語を媒介とせず肉体を酷使する苦行《くぎょう》（密《みっきょう》教的部分）である。弁論の内容は主として教相面にかかわるが、長時間の弁論の場においては、事相面での行《ぎょう》による鍛練《たんれん》がものをいう。

さてこの論客としての技術が、世俗に向かって発動されたらどうなるであろう。この問題についての従来の研究は皆無である。以下で言及しておく必要を強く感じた。

殺人合理化の論理

高野山の最大の仇敵《きゅうてき》は中世を通じて吉野《よしの》で、殺生禁断《せっしょうきんだん》・材木伐採・境界紛争など、さまざまな火種があり、再三再四の武力抗争をくりかえした。高野山は吉野攻撃を正当化する論理として「聖徳太子《しょうとくたいし》すでに守屋大臣《もりやおおおみ》の命を絶つ、大悲菩薩《だいひぼさつ》また一殺多生《いっさつたしょう》の行を励《はげ》ます」と言っている。仏法がよく引くことばである。「一殺多生」は「多くの殺生をおこなう悪人一人を殺すことによって、多数の命を救うこと」である。仏教思想の最重要の柱に生物を殺すことの禁、殺生禁断の戒律《かいりつ》がある。この一殺多生の論理は、その罪を阻却《そきゃく》するための仏説の応用問題の名解答である。一殺という殺生戒《せっしょうかい》違反のために地獄におちることはないというわけである。

寺院は、仏教理念実現という名目の破戒を、当時のことばで「方便《ほうべん》」と称して、殺人すら合理化する論理をもつから、東国《とうごく》武士以上の殺人集団となる可能性をもつ。だが一見驚くべき方便の一殺多生は、ユニークのようでユニークな論理ではない。殺す側の論理はいつでもそうで、寺院が宗教者の世界であり世俗ではない、という先入主さえ捨てればさして不思議ではない。

『平家物語』『太平記』では、東国武士はときに殺人にともなう罪業観《ざいごうかん》にさいなまれる。これに対し悪僧の側には、そうした弱さをみせるものはあまりない。殺人行為についての合理化ないし倫理化は僧侶のほうが強く、武士以上に教理的確信をもって殺人を実行する。この非常に巧妙な論理、どんな悪行《あくぎょう》・破戒《はかい》も、すべてを方便として正当化する、現状肯定や追認の装置がよくみえる。これは武術や軍需産業の根拠にも当然なりうる。さらに内面化された規律にもとづいたやむをえざる防衛的殺人だけでなく、先走って暴走してしまった能動的殺人の反倫理性《はんりんりせい》阻却《そきゃく》の論理にもなりうる。

寺院に対する武力行使

さて寺院に対する武力行使をみてみよう。平重衡《たいらのしげひら》は南都《なんと》焼討《やきう》ちの実行者だったため、堕地獄決定《だじごくけつじょう》の極悪人とみなされた。だが延暦寺・園城寺《おんじょうじ》のあいだでは、焼討ちなど何回となくおこなわれている。園城寺は全滅にちかい事態を何度も迎えた。だがそのことに対する非難はほとんど聞かれない。対寺院武力行使は、寺院だけの倫理的特権とすらいえる。邪教《じゃきょう》の徒の排除という理論武装は、消極的にではあるが十分に社会に通用していた。世俗権力者信長《のぶなが》の山門焼討ちによって京には衝撃が走ったが、これこそ新しい時代への移行を物語る事件だったのである。

仏陀法

仏陀法《ぶつだほう》とは、いったん寺領《じりょう》となったものは何がおころうとも永久に寺のもの、という強烈な法である。寺院の案出した法の白眉《はくび》であり、寺領拡大の最強の論理であった。これこそ全体社会レベルのインフォーマルな大法《たいほう》の最たるものである。

鎌倉幕府法をはじめ中世法は法律というより、今日でいえば判例《はんれい》にちかいものが多い。また幕府法を御家人《ごけにん》に伝達するシステムがなかったらしく、裁判の際、当事者はまず法の有無から調べ、それを法廷で証明せねばならなかった。将軍・得宗《とくそう》さえ知らない忘れられた法律があったであろう。そのなかで「大法」は、公法上の明文はどこにもないのに、全体社会において誰一人知らぬものがなく、違反の許されぬ絶対的規定性をもち、厳重な制裁（多くは死）が用意されている強烈無比な実定法《じっていほう》をいう。

天喜《てんぎ》元年（一〇五三）美濃国茜部荘司住人《あかなべのしょうじじゅうにん》等は、この荘園を国衙《こくが》が没収しようとしたのに対し、つぎのように述べた（平七〇二）。

近年東大寺の諸国の荘園が国司《こくし》に没収されている。王法《おうぼう》と仏法《ぶっぽう》は相並んでこそ、車の両輪、鳥の二翼の役を果たす。もし一方が衰えれば、飛ぶことができない。もし仏法が衰えれば、どうして王法が安泰でいられようか、また王法が衰退すれば、仏法も滅びるであろう。ところが国司は天皇の寄進した土地を没収しようとしている。これは「仏物虚用《ぶつもつきよよう》」という、仏のものを俗人が奪い取る仏陀法に違反する行為だ。

仏物虚用の罪、これは律令《りつりよう》や公家法制などとはまったく無縁の法である。仏に捧げられたものを僧侶が横取りする婆羅夷罪《ばらいざい》に起源をもつが、寺院独自のフルモデルチェンジの案出である。もちろん他権門は、許しを得ずに僧侶になる自由出家《じゆうしゆつけ》とよばれる行為（その人物の保有地が寺社領になりやすい）の禁、勝手に寺社に土地を寄進することの禁令（『中世法制史料集』一巻一五一、延応二年〔一二四〇〕）などの法で予防を試みたが、仏陀法そのものを克服することはできなかった。

この文書が、文中で使われている「王法仏法相依論《おうぼうぶっぽうそういろん》」を、寺院が標榜《ひょうぼう》した初期の典型的事例とされている点は大変皮肉である。王法と対等のようにみせかけて、寺院だけが利を得んとする王法仏法相依論の正体が、そもそもの最初から露呈しているわけであるから。

仏典の利用価値

仏典はソフィスト的詭弁《きべん》の材料の宝庫である。その宝をさらにふやすため、この時代ほど多く偽著《ぎちょ》・偽縁起《にせえんぎ》の類が作られた時代はなかった。

音声効果をふくめた学侶の弁論術の意義は、いままで低く評価されすぎている。

このように、仏典解釈者、学侶の存在意義の重要な一つは論客としての部分にある。殺人をも肯定する理論武装をした集団が寺院なのである。寺院の教学の最大の積極的意義はこのいささか逸脱した応用部分にある。非日常的な宗教的欲求に答えることや、宗論のためのそれは、むしろ消極的意義である。裁判や戦争のような切羽詰《せっぱつま》った状況でこそ、学侶の智恵が生きた意味をもつ。そしてこれは高度の教相についての知識を不可欠とする。それに一生をかけた人びとでなくては、不可能な技術である。衰退しながらも学侶が十六世紀まで生き延び、いちおう寺院の顔でありえたのは、実にこの理由による。

もちろん学侶のそれは公家・武家社会の視野に入るものに限定される。全体社会にかかわるそれは正確な仏典に依拠《いきょ》するものでなくてもよい。それを唱導《しょうどう》したのは身分の低い僧、とくに遊行僧である。「方便」。この媒介語がソフィストの最大のキーワードであり、キーワードはほかにもあるが、結局すべてこの一語に集約される。寺院に法曹《ほうそう》関係寺僧はとくに存在しない。だが社会のあらゆる係争関係、債権取立、そのほか交渉事全般に、この技術が決定的な役割を果たしたことはみすごしにできない。仏陀法・一殺多生、いずれもインフォーマルな形態である。寺院は基本的にフォーマルな成文法典の世界ではない。中世全体社会には、成文法などでは処理されない事象が圧倒的に多いのである。

寺院の武力

城館

永万《えいまん》二年（一一六六）に、史上初の中世的な山城《やまじろ》を作ったのは比叡山である（『天台座主記《てんだいざすき》』）。寺院の武士的側面を示すものとして注目される。何よりも巨大寺社と対置されることの多い武士の城館建設よりも、明確に先行していることに意味がある。その後も寺院は多くの山城を作った。鎌倉中期、おそらくは蒙古襲来にそなえて造られた堅牢《けんろう》無比の鎌倉城《かまくらじょう》の構築にいたって武士はやっと寺社を超えた。

武家に先行して築城がおこなわれた理由は、土木技術者・基礎的労働者を組織することにおいて、寺院が先んじたためだろう。叡山の東塔・西塔地区には、あきらかに原地形を平にして建物を建てられるスペースを確保した敷地造成跡と、城壁にあたる土の壁＝土塁《どるい》が現存する。横川にも堀切《ほりきり》状の地形がみられる。戦国末期の戦争は坂本《さかもと》が舞台で山上ではない。したがって叡山山上には中世前期の遺構が保存されている可能性が高い。発掘例の少ない初期の山城遺構の発見が期待される。この地の発掘からは目がはなせない。

石垣積《いしがきづみ》の城郭《じょうかく》革命を起こした織豊《しょくほう》政権に先行して、後期寺社勢力の根来寺（和歌山県岩出町）・平泉寺《へいせんじ》（福井県勝山市）という強大な軍事力を誇る寺院が、高度な石積施設をもっていた。このことを強調したい。石垣で敷地を囲った子院をもち、周囲の山上に土塁などを築いた根来寺城館が白眉《はくび》である。また玉石敷《たまいしじき》の長大な道路、石塁《せきるい》に囲まれた子院が多数立ち並ぶ平泉寺の偉観も類をみない。根来寺でも石畳《いしだたみ》道路が検出されている。

そもそも安土城《あづちじょう》をはじめ、信長の城郭の石垣を作った穴太衆《あのうしゅう》は、比叡山南坂本の穴太の人びとである。また法隆寺《ほうりゅうじ》宮大工《みやだいく》中井家《なからいけ》（正吉・正清）は近世的城郭の先駆である奈良の多聞城《たもんじょう》を作り、後その技術を買われて大坂城の作事大工頭《さくじだいくがしら》を勤め、家康のころには五《ご》畿内《きない》・近江《おうみ》の大鋸《おが》支配《しはい》、責任者の地位をあたえられ、二条城・江戸城の作事にも関与した。寺社付属職人・大商人を再編成することによって、江戸幕府は安定政権となった。

寺外主従制

寺院が武装していたことは、軍事的プレゼンスたるにとどまらず、武術の分野における最新技術の専門家集団が、構造的にふくみ込まれていた、という点に重要性がある。院政期の中央政界で、最初に武力を発動したのは、明確に悪僧が先で武士が後である。

寺社勢力の荘官に対する軍事動員については、従来も嗷訴《ごうそ》の際の兵力分析のなかで、①悪僧、②大衆《だいしゅ》、③荘官《しょうかん》の一つとして取り上げられてきた。だが動員を可能にする規範についての顧慮はまったくはらわれていない。

高野山領紀伊国鞆淵荘《ともぶちのしょう》の代官（下司《げす》）鞆淵景教《かげのり》（景孝《かげたか》）は、百姓との対立による荘園経営の失敗のため、観応《かんのう》二年（一三五一）に高野山により荘内追放を受けそうになった。この危機に際し、景教は高野山に対し、自己の勲功《くんこう》を数々あげて、下司職《しき》維持について哀願した（高八巻一七一二）。

このとき列挙された数々の合戦は、史上著名なものばかりである。北条氏残党《ざんとう》の討伐、南北両朝の合戦、粉河《こかわ》の合戦（用水紛争）などである。荒川荘《あらかわのしょう》における合戦は、正応《しょうおう》四・五年（一二九一・九二）の、後述の大悪党《だいあくとう》事件に際しての実力行使である。どれ一つとして、鞆淵氏が直接の利害関係をもつ事件ではない。すべて高野山の命令による軍事動員への参加である。この直接の利害関係の存否《ぞんぴ》は重要な検討項目である。

同氏は鎌倉時代に高野山の軍事行動に際し何度も「合戦忠節《かっせんちゅうせつ》」をし、それに対して衆《しゅ》徒《と》から「御感御下文《ぎょかんのおんくだしぶみ》」を得ている。これらの文書は、戦功をほめたたえる武家の感状《かんじょう》という文書に相当する。景教の文書は一見して、俗人武士が俗権力に対して提出する勲功の自己申告書の軍忠状《ぐんちゅうじょう》と、文言等がまったく同じである。

とくに注意を喚起すべきは、鞆淵氏が文中で勲功としてあげている一見付随的にみえる「疵《きず》をこうむる」である。通常の荘園領主と荘官の関係においては、何はともあれ荘園運営の成功がすべてで、努力のいかんにかかわらず、年貢未進《ねんぐみしん》は罷免《ひめん》の理由になる。戦傷《せんしょう》の重視は成功報酬でない点が重要である。戦死・戦傷が、敵の大将を討ち取ることや、城を落すこと以上に高く評価される点は、武家社会の倫理と完全に同じである。これは契約関係でない人格的結合を示すものである。

鎌倉時代に高野山が在地領主を、かれらが下司職などをもっている荘園以外の寺領一般の問題処理のための軍事力として動員し、それに対する奉仕が「奉公忠節《ほうこうちゅうせつ》」と表現され、さらに「御感下文」がだされ、所職保持の根拠になっている事実があきらかになった。寺社に対する俗人武士の忠節がはっきり検出される。この種の文書は織豊時代までみられる。軍制史の観点からいえば、高野山は鎌倉時代から織豊時代まで、勢力圏内の武士に対して、一貫して主従制の核でありつづけたのである。これは「寺院主従制」といってよい。主従制は武士の専売特許ではなく、中世全体社会をつらぬく規範であった。なお主従関係締結の最古の残存文書としては、根来寺（伝法院《でんぽういん》）開祖《かいそ》の覚鑁《かくばん》と源氏の嫡流《ちゃくりゅう》、源為義《みなもとのためよし》のあいだのものである（平四七一三、保延《ほうえん》六年（一一四〇））。為義は「伝法院護衛」を誓っている。武家社会のそれよりずっと早い。まだ鎌倉幕府のないころである。

寺院主従制は厳密にいえば学侶と武士である荘官との関係であり、行人とは敵対関係にあり戦いあう（『高野春秋』寛正五年（一四六四））。なお寺院にはこの「寺外《じがい》主従制」のほかに、「門流《もんりゅう》」という「寺内《じない》主従制」があることは後述する。

経済世界である寺社総体は、南北朝の内戦などには積極的にかかわらず、出兵の誘いを断った。武力は所領保全や獲得のためにのみ使われる。暴力・内戦のちまたである寺院は、皮肉にもその政治的無関心により、五〇〇年の安定を得たのである。

債権取立

寛喜《かんぎ》三年（一二三一）六月朝廷は、山僧《さんそう》（延暦寺僧）を荘園管理者である預所《あずかりどころ》や、地頭《じとう》代官に任ずることを禁ずる立法をおこなった（『中世法制史料集』第一巻、鎌倉幕府法一一六）。ただ同寺領の預所なら禁じないとする。叡山領に山僧を預所として任命するのは当然である。わざわざ特記することのほうが奇妙である。

だからこの条文から逆に読みとれることは、山僧の活動舞台が叡山領内外の西国《さいごく》の荘園・公領《こうりょう》一般であったこと、また付随して山僧あるところ喧嘩《けんか》・物理的強制がつきものだったことを示す。

法制史の大家笠松宏至氏は、中世における「寄沙汰《よせざた》」の存在を指摘された。寄沙汰には二つの類型があるが、その一つに弱者が強者に応分の報酬をはらって、権利の行使をおこなう「当事者《とうじしゃ》に代わっておこなう自力救済《じりききゅうさい》」という非合法な行為があり、大きな社会問題となっていた。強者の代表は寺僧なかでも山僧であった。

正応《しょうおう》四・五年（一二九一・九二）高野山領荒川荘《あらかわのしょう》で、著名な「大悪党事件」があった。この事件で注目すべきは、悪党張本《ちょうほん》の源為時《みなもとのためとき》が、荘内の叡山末寺高野寺《たかのでら》僧であると自称し、問題を高野山対悪党というところから、高野山対比叡山という大きな問題にすりかえようとし、いったんはそれに成功した事実である。かれは訴訟文書で一貫して「高野寺僧法心《ほうしん》」と自称し、自己の保有する米を日吉社にそなえる神聖な米であると主張し、叡山の財産を不法に没収したとして、高野山検校《けんぎょう》以下全山の寺僧を告発し、その奪回、かれにとっての債権行使をねらった。対して高野山はかれを終始「源為時」の俗名《ぞくみょう》でよび、高野寺にかれが同寺僧でないことの証明を求めた。また同時にかれが僧侶といえない俗人であることも主張している。この論争では高野山の主張のほうに説得力があり、為時の主張はみるからに拙速《せっそく》のこじつけである。しかしそのような「無理」で一時の便法にすぎない主張が、ともかくも叡山の支援するところとなったことが重要である。叡山はわざわざ能登《のと》の判例《はんれい》を引いて（『鎌倉遺文《かまくらいぶん》』一一四六三号、文永十年〔一二七三〕、以後この史料集は「鎌○」と略記）法廷で強い支持を打ちだし、いったんは天皇から勝訴の判決を得たのである。

律令で定められた受戒《じゅかい》（僧侶になる手続）を受けていない「ニセ僧侶」を、あろうことか、国家的授戒権《じゅかいけん》（僧侶の国家資格付与権《ふよけん》）を公家から委任され独占している叡山（東大寺とともに）が、別の次元で「僧侶」と認定している点が重要である。僧と俗の区別は困難であり、その判定者は国家ではなく個別寺院なのである。現存する中世の度縁《どえん》・戒牒《かいちょう》、すなわち僧侶の身分証明書のうち、出自身分の判明するものはすべて貴族・武士である。授戒は学侶に対してのみおこなわれたとみられる。国家的授戒制が機能したのはきわめてせまい範囲である。年に数回、一回に一万人が受戒したといわれるが、かりに全寺院の行人や遊行僧が一々受戒などしていたら、戒壇はパンクである。個別寺院が「僧侶」と認定すればその人物は僧侶（寺院成員）として通用する。この僧侶への変身は特定寺院への参入許可、いわば「全体社会的授戒制」である。国家的授戒制にはほとんど意味がない。

全体社会を見ない学侶史・高僧史の欠陥はここにも現れている。

後世宣教師ルイス・フロイスは、根来寺僧について「俗人の兵士の如き服装をなし、絹の着物を着し（中略）衣服は俗人と異なるところがない。ただし頭髪は背の半ばに達するまで長く延ばして結んでおり」と記している（『日本史』）。ここでは俗服で有髪《うはつ》という姿が描かれている。俗服・有髪、これが俗人でなくて何であろうか。

さて建久二年（一一九二）の公家法で「凶悪の僧徒が寺を離れて武家に属し本寺を悩ます」ことが禁止された。御家人かつ春日社神人、守護と寺院に両属する武士、かかる存在が多かった。その所領の帰属は大きな問題である。西国においては、御家人と寺僧、幕府と寺社は、ボーダーレスな双生児である。ただ幕府は比較的フェアプレーをつらぬき、御家人か否かを厳しくチェックしようとした。寺社は所領や権益の拡大につながるならば、ほぼ無審査で成員として受入れた。

大悪党事件は悪党研究史上著名なものだが、むしろ山僧寄沙汰《さんそうよせざた》の典型的事例とみてよいと思う。財産を奪われた後の法心《ほうしん》の作戦は捨身のものである。高野山に「悪党」とよばれ討伐を受けたものが、突如として山僧に変身して反撃してくる。このようなことが頻繁におこることは、重大な社会の不安定要因とみえるかもしれない。だがそれは一面的な見方である。これこそ全体社会という土俵における中世的紛争処理の一つの型なのである。

非合法な物理的強制をこととする組織は、必ず末端に正規の構成員かどうか、判然としない分子を抱えている。このときは悪党法心が叡山末寺高野寺僧か否かという点が問われた。かかる分子は自分の利害、多くは経済紛争を解決するために、ある日突然、きわめて簡単に構成員となるのである。山僧はその典型であるが、低い身分の神官《しんかん》、神人《じにん》・寄人《よりうど》などもよく似た経緯で寺社に参入する。こうした紛争当事者の受入れ先として、もっとも身近なのが寺院・神社だったのである。

公家・幕府にしても、かれらを受入れる素地がまったくないわけではない。得宗御内人《とくそうみうちびと》のなかには、その種の分子がある程度いたと思われる。しかしその数は巨大寺社群とは比較にならないし、また構造的なものとはいいにくい。

現在・過去・未来、債権の履行《りこう》・不履行に関する醜悪な、しかし当事者にとってのっぴきならない争いは、日常的に無数にある。これらの問題は事柄の性質により、法的解釈が非常にむずかしい場合が多い。かかるトラブルサムケースにおいて、債権者が自己の債権についての合法的権力の法的判断を待つことができないとき、あるいは債権の主張が法的にはなりたたないと判断した場合、もしどうしても債権を執行したければ、どんな方法が最も有効であろうか。いうまでもなく非合法暴力組織に取立てを委託するのが、最も一般的であり最も効果がある。この時代は山僧寄沙汰がその典型であった。自己の主張が法的になりたたない可能性が高ければ、かれらに債権取立《さいけんとりたて》の強制執行を依頼することは、失敗しても被害が少ないのだから当然頻繁におこる。

なぜ沙汰を寄せるものが、その利益の多くを沙汰を請取《うけと》るもの（強者）に奪われるにもかかわらず、沙汰を寄せるのか。この答は簡単である。幕府などの公的法廷における訴訟の氾濫およびその渋滞がその主因である。また相手方による再度の訴訟の可能性も一因である。つまりは「国家的裁判」の判決の実効が微弱で軽視されていることが、その根本原因である。長期にわたる裁判経費と、非合法組織にしはらう経費との多寡の比較である。

山僧は理非《りひ》を即座に「決断」する。この「当事者に代わっておこなう自力救済」は、債権者が債権の一部、一部ではあるが、今はゼロである現実の利益を即刻に得ることができる。これは魅力である。この「決断」は本当に決断であり、最終決着である。いかなる時代でもこれを公的に上訴することは可能である。だがそれを実行すれば、経済的負担も避けがたいし妨害も受ける。当然膨大な時間もかかる。

為政者が為政者である以上、断じて「理非決断」をみとめることはできないはずである。

けれどもなくならないのである。寄沙汰や寄沙汰類似行為が、国家外全体社会における巨大寺社の営為の大きな部分を占める。当時の「国家権力」の実効した範囲の狭さを物語る。物理的強制を一方の柱におくこの種の集団は、威嚇《いかく》力を失ったら崩壊が待っている。神人に対する国司の侮辱・暴行といったささいな事件が、一山大衆《いちざんだいしゅ》あげての嗷訴となる。ここで威嚇力を誇示しておかなければならない切羽詰った理由があるためである。

寺院のために暴力をふるって、公家から罪科《ざいか》に処せられた僧侶が英雄にまつりあげられる例が多い。経済人の集合が、強固で狂暴な物理的強制力を行使する行動隊に一瞬にして変貌する。嗷訴のほとんどがこのケースである。メンツを傷つけられて黙っていたならば、債権取立などの経済行為に必要な強制力が、以後致命的に下落するという重大な影響があるのである。

魔術からの解放――三位一体技術の一画やぶる

寺院と神社

本書では寺院中心の叙述をしている。中世における神の仏への完全従属の事実から「社」を寺院と対等に扱うべきでないと考えたからである。石清《いわし》水八幡宮《みずはちまんぐう》は中世史料で正しくは「石清水八幡宮寺《じ》」、鶴ケ岡《つるがおか》八幡宮は「鶴ケ岡八幡宮寺《じ》」である。また日吉社《ひよししゃ》は比叡山、春日《かすが》社は興福寺、手向山《たむけやま》八幡宮は東大寺の傘下《さんか》にあった。祇園社感神院のように神社の神事を僧侶がおこなう事例も多い。ここには俗人が一人もいない。このような「神官《しんかん》」を社僧《しゃそう》とよぶ。寺院の力は圧倒的に強く、寺内の社、たとえば東大寺八幡宮の主体的行動はみられない。御輿《みこし》をかついで嗷訴《ごうそ》するのは東大寺僧である。仏神《ぶつしん》と並び称されるが、中世は仏教とくに密教の時代で、神はせいぜい仏の分身の一つ、仮の姿にすぎないと考えられていた。これが神仏習合思想《しんぶつしゅうごう》である。神の影は薄いが公家への嗷訴にあたっては、春日・日吉神輿などが呪術的威嚇《じゅじゅつてきいかく》の大きな武器となり、公家は無理な要求でも受入れざるをえなかった。仏はほとんど祟《たた》ることはない、だが神は祟りをなす恐怖の存在であった。この恐怖の根源、絶対的タブーにおおわれた寺内の小空間は、寺院に従属した寺内神社《じないじんじゃ》という場だけであった。神官が小さなけがをした、その一族の死や病気、神社の回廊《かいろう》に血が流れた、鳥の死骸がころがっていた、といったささいな理由、総じてケガレ忌避《きひ》を徹底することによって聖性《せいせい》を強調した。そのための演出として、このような場合にしばしば神事が延期・中止された。寺院付属神社は寺院の呪術的恐怖・神秘性の維持がその役割であり、強制力を強め顕示する呪術装置であった。このような意味での聖域であった。

強制力としての呪術

寺院＝宗教世界、という考えはまったくの俗説であり根拠がない。寺院の宗教的側面は皆無ではないが、強制力とは結びつきにくく、その本質とみとめがたいので本書ではとくにふれない。この部分の説明がなくとも、社会勢力としての寺院を論ずることは十分可能である。

ここでのテーマは強制力としての呪術である。呪術一般ではない。これこそ寺院の特技であり、相対的に他勢力に大きく優越した技術分野である。これにも全体社会レベルから民衆レベルまでさまざまなものがある。すぐ思いあたるのは、敵方の人物、たとえば鎌倉幕府の要人などを呪殺《じゆさつ》しようとする魔法＝積極的呪術である。

だが呪術は第一に寺領獲得・拡大・支配のための強制力として使われた。高野山は鎌倉中期以後、弘法大師の御影《みえい》（画像、これは仏像に準ずる）にそなえる税を徴収する「御影堂《みえいどう》陀羅尼田《だらにでん》」の集積をおこなった。寄進状は二五〇通以上のこっている。一例をあげる。

正応《しようおう》三年（一二九〇）八月に荒川荘の源義賢《みなもとのよしかた》はつぎの文書を書いた（鎌一七四一一）。

> 寺僧の保有地ならびに御影堂陀羅尼田、天野舞童田《まいわらわでん》については、今後、地主にだす地代《ちだい》といい、高野山に納める官物《かんもつ》（年貢《ねんぐ》）といい、納入を怠ることはしません。（中略）今後、山上《さんじよう》のため、山下《さんげ》のため、一事でもこの文書の内容に違反しません、もしこの内容に違反したら（中略）大師明神《だいしみようじん》、荒川荘鎮守《ちんじゆ》三船《みふね》八幡をはじめ、総じて日本国中大小諸神《しよしん》の罰を受け、生前は重病にかかり、来世には無間地獄《むげんじごく》に落ちてそこから脱出できなくても仕方がありません。

このような文書を起請文《きしようもん》とよぶ。自分が今この文書で誓った約束を破ることがあれば、現世では仏神の罰を受け、来世は地獄に落ちるように、自らを呪う誓約の文書である。呪術全盛時代の文書である。だが呪術絶対の時代ならば、こんな文書はなくとも無言のうちに年貢は納入される。一見呪術時代の象徴とみえる起請文の発生は、呪術からの解放過程のワンステップがきざまれたことを示しているのである。罰をあたえる強烈な呪術シンボルとして、「大師明神」が現れる。弘法大師はカミとなっている。大師信仰は収奪における典型的な呪術的強制力として働いた。呪術は年貢等納入に関する経済政策の一手法でもあるのである。

神を怒らせ雨をよぶ

マックス・ウェーバーは人類の歴史を魔術からの解放過程としてとらえた。これを合理化の過程ともいう。古代人は自分の肖像画を書くことを絶対に許さなかった。万一これが敵の手にはいると、それをきずつけることにより、本人に死が訪れる呪詛《じゅそ》、いわゆる類感呪術のエジキになるという恐怖があった。だから古代には死後の画像しかない。だが院政時代つまり中世以後は、生前に似絵《にせえ》という肖像画を書くことが流行した。この種の呪術から解放された結果である。

そして日本でも呪術万能でない時代がやってきた。和泉国《いずみのくに》の日根野荘《ひねのしょう》七宝滝寺《しっぽうりゅうじ》の雨乞《あまごい》は、ゆるやかな解放の実例を示す。

①神社の神前で能などの芸能を奉納《ほうのう》、神に楽しんでもらって雨をよぼうとする。

②だめなら山伏に水を司《つかさど》る神社の神前で、雨乞の祈禱を捧げてもらう。
③それでもだめなら七宝滝寺の滝壺《たきつぼ》に、鹿の頭や骨といったケガレたものを投込み、神を怒らせて雨をよぶ。

これには「霊」に積極的に働きかけて現世利益を追求する呪術の特徴がよく現れている。いずれの行為も真剣に霊の意を迎えようとするもので、なおざりにおこなわれているわけではない。だが神を怒らせるなどという危険な行為は、それ以前には考えられもしなかった。どんな祟りが後につづくかわからないはずである。自分に都合よく神を怒らせる。これは現世利益実現の「技術の向上」、呪術の純化と評価できないでもないが、やはり迷信的な恐怖から徐々に人びとが開放されつつある歴史的変化とみるべきである。

三位一体技術　寺院は総体として、弁論＋呪術＋暴力、という三位一体《さんみいったい》の技術をもっていた。それによる威嚇が現実の行使以上に強力である。単一な技術しかもたない武家・公家に比して、ずっとすぐれたしたたかな技術者の集合である。一人でこのすべてをそなえていなくても、関係的資源を活用すること、すなわち自分にない他の一面に秀でた他の寺僧にたより、それを活用することが容易にできた。関係的資源の獲得機会の多さもまた、寺院の重要な特徴である。

三位一体技術のなかで最も重要なものは何か。いうまでもなく暴力＝物理的強制である。暴力装置をもたない社会勢力は、自力救済の中世では生存しえない。ただこれは必要条件であり、寺院が猛威をふるうための十分条件が弁論と呪術であった。「欺瞞《ぎまんてき》的弁論＋儀礼に従わぬ詐欺《さぎてき》的呪術＋非合法暴力による威嚇、その行使」が圧倒的に多かった。「仏説に忠実な弁論＋呪術による体感レベルの納得＋合法的暴力」も当然あり、むしろ目にみえるのはこちらである。寺院が非合法な行為だけをこととする存在なら、十一世紀から十六世紀にいたる長期におよび、これだけ大きな社会的地位を維持できるはずはない。にもかかわらず前者に注目しなければならないのは、ことが年貢などの収奪や債権取立という生臭い現実にかかわり、ぎりぎりのせめぎあい、即効性を必要とする重要な場面で、法の枠を逸脱《いつだつ》してでも強行されねばならないと意識されるものだからである。

中世は不完全な法治国家で、なかば自力救済の時代である。合法・非合法は、制度・状況に対応する相対的なもので、実際に機能する実定法により判定される。さて法や規制を逸脱する行為は公家・武家・民衆もごく普通にやっている。寺院は世俗である。現代人の眼でそうした行為について、寺院だけをとりだして非難するのはまちがっている。

非合法な三位一体技術に注目しなければならないのは、明白な欠陥を有する中世国家論を克服し、本来追求しなければならない全体社会を考察するための絶好の素材だからなのである。このなかに呪術がはいっている点が中世的であり、中世を体現する寺社にふさわしい。

なお本節で列挙した類の具体的結論を導きだす弁論術は、密教の神秘主義とは明確に一線を画す。弁論術は教相・顕教の応用問題である。筆者はその意義を重視するので、「顕密仏教」の語を黒田氏の説とは別に意識的に選択する。

さて新仏教勢力が発展する戦国時代には、宗教的要求が日常化し、しかも内省《ないせい》的結論でなく具体的行動指針を求められる。戦国新仏教は呪術より宗教の部分が大きくなっており、顕密体制論でも寺社勢力論でも説明すべきではない。

中世寺院の法衣《ほうえ》である宗教は一応つぎのように考えられる。経済主体としての実体、その活動をささえる三位一体技術、その上にふんわりとかかった、ときに異常なほど熱狂的な思想ファッション、美しいがごく薄いヴェールにすぎない。

公家が寺社に荘園を寄進する行為は、浄土思想などの仏教的思想ファッションによる操作にあやつられてのものである。だが荘園獲得のきっかけは思想ファッションであっても、その恒久的保全は、行人を中心とした物理的強制によっているのである。

香華《こうげ》たちのぼる光景は、たしかに寺院の日常である。だがこれは緊張に満ちた求道《ぐどう》的宗教心のたちのぼりではない。比喩的にいうならば、香という都市住人のまとうオーデコロンの充満である。宗教的扮装は、寺院固有のライフスタイルであり、都市のステータスシンボルなのである。

境内都市の風景と政治システム

境内都市とは——門内・門前都市

前衛空間

極彩色《ごくさいしき》にいろどられた寺院建築のなかに、美術工芸技術の粋《すい》を集めて造《ぞう》立《りゅう》された仏像を安置し、世界最高級の芸術作品である宝物・調度《ちょうど》をそろえた古代寺院は、社会のありとあらゆる空間のなかで、もっとも前衛的な空間である。正《しょう》倉院御物《そういんぎょぶつ》には多くの非宗教的宝物がみられる。古代寺院はまったくの世俗世界である。最《さい》澄《ちょう》・空海《くうかい》以前の日本仏教は、基本的にエキゾチシズムであり、それ以外は何もない。

平安京は遷都《せんと》当初、寺院を排した都城であった。だが羅城門《らじょうもん》の両側に計画的に配置された東寺・西寺《さいじ》は例外である。政治都市の正面玄関を飾る前衛建築であり、俗権力の首都の顔としての存在だったのである。このことは十一～十二世紀に院政《いんせい》政権が建立した法《ほっ》

図2　東大寺大仏殿

図3　比叡山根本中堂

勝寺《しょうじ》、とくに九重塔《くじゅうのとう》についてもまったく同じことがいえる。

院がコントロールできない巨大寺社はどうか。前衛空間としての性格は、中世の大寺院の中心部分もまったく同様で、さらに派手になっていく。東大寺大仏殿、比叡山根本中堂《こんぽんちゅうどう》、根来寺《ねごろでら》・高野山大塔《だいとう》、またそこに安置された金色《こんじき》の仏像などが前衛芸術の「陽」であるならば、不動明王などの密教の仏像・仏画は、ぞっとするような妖気《ようき》に満ち、前衛芸術の頽廃《たいはい》の香り、「陰」の魅力を不気味なまでに発散している。これらのなかには平安初期の作品もあるが、中世でも信仰の対象でありつづけた。

古さびた寺院のたたずまいの価値は、平安中期以後新たに発見されたものである。だが寺院空間の本質はまず第一に前衛空間としての部分にある。「渓嵐拾葉集《けいらんしゅうようしゅう》」でみたように、自身もテクノクラートである僧侶が、至上《しじょう》の前衛スペースで活動し、俗人テクノクラート（宮大工などの職人が典型）と緊密に結びつく現象は一見奇妙に思えるが、それは現代的感覚にしばられた錯覚である。

では、寺院の空間は「どれほど」贅沢《ぜいたく》なものであったか。宮殿との比較は今のとおりだが、畿内近国では寺号をもつほどの寺院は、ほぼすべて礎石《そせき》建物である。寺院はしばしば軍勢の駐屯地《ちゅうとんち》となる。防御施設として有効な塗壁《ぬりかべ》・土塀《どべい》をもっていたためである。

図4　興福寺五重塔

これに比較すると世俗世界は、権力者の政庁ですら、貧弱な施設しかもっていない。やや類型的な描き方であるが、戦国時代の京都と周辺を描いた『洛中洛外図《らくちゅうらくがいず》』では、寺院は革堂行願寺《こうどうぎょうがんじ》のような民衆寺院をふくめすべて瓦葺《かわらぶき》、御所《ごしょ》・内裏《だいり》・管領邸《かんれいてい》が檜皮葺《ひわだぶき》、町《まち》屋《や》は板葺《いた》、農家が茅葺《かや》または草葺《くさ》、と明瞭に描きわけられている。屋根葺の費用は、瓦↓檜皮↓板↓草の順に安価になる。単に風俗のちがいでなく、ステータスの差を感じさせられる。

図5　根来寺大塔
大塔としては唯一の残存例.

俗人の家屋敷はたとえ天皇家や摂関家《せっかんけ》でさえ、大仏殿・興福寺五重塔・根来寺大塔などには、足下にもおよばない粗末なものであった。寺院を超える豪荘な建築は、安土城以前には皆無である。この点を強調しておかねばならない。

これらの寺院の建設費用と御所などの建設費用の差は、それをみたものの目にはっきりわかるであろう。後醍醐《ごだいご》天皇は内裏再建を試みた。しかし造営計画にともなう増税は建武政権滅亡の一因となった。寺院には十分にある資力が公家にはないのである。この点を記憶していただきたい。

民衆立入フリー

さて、ここでつぎのことを是非強調しておかねばならない。中世、宮殿を超える前衛空間たる寺院門内には、原則としてありとあらゆる老《ろう》若《にゃく》男女《なんによ》僧俗《そうぞく》貴賤《きせん》が、中心の聖域にまで立入ることが許されていたのである。東大寺大仏殿・興福寺南円堂《なんえんどう》などは、それぞれ大仏安置の地、観音霊場《れいじょう》の要所として誰でも立入りが自由であった（ただし大仏殿は一時女人禁制《にょにんきんぜい》）。

では、院御所・内裏・幕府御所はどうか。低い身分の人びとが許可の手続ぬきに日常的に出入りする状況になった場合は、それぞれの関係者の強い批判を受け、後醍醐政権のように崩壊する場合もあった。庶民の自由な立入りが、普遍的に、そして原理的に自由だっ

図6　興福寺南円堂
観音霊場として参詣者が多い．

たのは、一切衆生《いっさいしゅじょう》、すべての生きとし生けるものに対し、門を閉ざすことのない世界宗教たる仏教に一応のっとった寺院空間だけである。

門内は立入りを咎《とが》めだてする聖地空間でないことを重く認識してほしい。聖地は俗世《ぞくせ》の対概念《たいがいねん》で両者はタブーによって画然《かくぜん》とくぎられる。そのタブーがないのである。先に述べたような神社における異様に厳しい禁忌《きんき》の世界は、寺内の微小な一部空間にかぎられる。この程度のタブーや聖地なら現代の東京にさえ数多くある。寺院空間は聖地と俗世の遮断装置のない無結界《むけっかい》の地なのである。

長禄《ちょうろく》三年（一四五九）三月二十二日、高野山は、「会堂《えどう》の縁《えん》にたむろする行脚《あんぎゃ》や乞食《こつじき》を追いだす」という制札《せいさつ》を立てることを決議した（高六巻一三七一）。高野山の壇上伽藍《だんじょうがらん》の最重要施設の会堂《えどう》（大会堂、全員参加の大集会《だいしゅうえ》をおこなう堂宇《どうう》）の縁に、全国を巡礼する行脚、乞食・路上生活者などの社会的弱者が食物をめぐまれながら群集して生活していたのである。この条文は会堂以外では黙認すると解してよいだろう。

中世社会では「獄前《ごくぜん》の死人、うったえなくんば検断《けんだん》なし」といわれた。つまりたとえ警察所の前に死体がころがっていても、うったえる人がなければ捜査さえおこなわれない。所属集団からはなれた人間の殺人事件をうったえる人はだれもいない。殺害が容認されて

図7　高野山壇上伽藍（左から金堂，御影堂，大塔）

図8　高野山御影堂

いるも同然である。村落共同体など各人の所属集団からひとたび離れたら、誰一人、法律も守ってくれず、生命の保障すらない「自由即死《じゆうそくし》」、また「自由即餓死」「自由即奴隷《どれい》に転落」という苛酷《かこく》な世界であった。自力救済世界の暗い一面である。だが寺院門内《もんない》・門前《もんぜん》だけは例外である。個が個として、最低の生活であれ生命体として生存できる寺院空間は、苛酷な中世全体社会のなかで「もっとも優しい」世界であり、その点で一定の先進性を示している。後述する湯屋《ゆや》・接待所《せったいじょ》はいずれも一切衆生救済のための宗教施設である。「自由即死」でないスペースは寺院境内にしかない。また寺院が経済社会でありながら非営利的な宗教的救済・宗教的ヒューマニズムとかかわる場面は、このシチュエーションのみといってよい。

寺社境内都市

さて、何をおいてもつぎのことを再確認しておきたい。前衛空間を中心に商工業がさかんにおこなわれ、周縁《しゅうえん》に多数の貧乏な人びとがひしめきあう寺院の門内・門前。こういう場所を普通なんとよぶであろうか。そう「都市」である。大寺社の境内は都市であり、それ以外のなにものでもない。この歴然たる事実が、盲点にかかってか従来まったく認識されていない。

このような「門前町」と決定的に異なる「門内・門前都市」というべき存在は、南都《なんと》について、すでに知られている事実のはずである。

永島福太郎氏は、著書『奈良』「社寺《しゃじ》の郷」の一節で、

社寺の周辺に発達した街地《がいち》を郷《ごう》という。（中略）いわゆる門前郷のことである。門前郷はいわゆる門前町のことではない。この門前の郷は社寺が社人・寺人の住居したことにより社地《しゃち》・寺地《じち》の延長として境内《けいだい》に囲い込んだものである。

とのべておられる。まことに的確な門内・門前都市の説明である。

寺院の門内と門外の呪術的結界《けっかい》および物理的隔離施設は、主として人口増加による門内の拡大による門外の侵食により崩壊した。現在「門前町」という、中世に存在せず近世固有のさして重要でない都市の一類型をさす用語が通用している。中世では門内と門前が一体不可分の複合体である、という基本的な視点が欠落している。その反省を促すため「門内・門前都市」の語を使用することは、現在における用語法として、十分意味があると考える。「寺里《てらさと》」「山上山下《さんじょうさんげ》」などの対句が、門内と門前の不可分性を物語る。

さて門内・門前都市は、経済的営為がさかんにおこなわれ技術者が集住する。法会ではなく経済行為がいとなみの中心である。宗教都市などではなく経済都市である。のちに感神院でみるように、門前は門内とまったく同じ性格をもつ「境内」と認識されていた。こ

れを「寺社境内都市」略して「境内都市」とよぶことにする。門の内外区分は古代に設定され役割を終えた呪術的結界の亡霊である。この都市を一貫して境内都市の一語でよんでよいのだが、外見上旧結界の一部がのこっている場合があるので便宜上「門内・門前都市」も使用する。今後は都市全域を「境内」、旧結界内を「門内」とよぶ。

「寺社勢力」とはすなわち寺社境内都市群のことである。不安定な用語である「寺社勢力」の代わりに、より厳密な「寺社境内都市群」の用語を提唱する。最初はとまどうがだんだん慣れてくる。境内都市群は「諸寺諸山の法」を共有し、黒田氏が指摘するようにゆるい連帯をもつ。

大寺社はなによりも経済都市として把握すべきである。その枠内において宗教を考察してもよいし無視してもよい。生活が先にあり、理念はそれよりだいぶ後だからである。都市民にとっての呪術は、身近なこころのカウンセリングサービス、第三次産業でもあった。

中世寺院はテクノポリスであり、強大な軍事力をほこる軍産学複合体である。宗教とは無縁の行人が中核である。現代のイメージにひきずられて、実態をみずに宗教から先に寺院を考えるのは順序がまったく逆である。この種の誤謬を「さかだち」という。学侶史・高僧史という害虫のせいである。これを駆除する行人・遊行僧史の出番がきた。

十二世紀の日本の都市は京一つだけ、ほかにはせいぜい太宰府・平泉・鎌倉ぐらい、この通念は完全な誤りで、近畿地方は都市だらけであった。従来の都市史は寺院の法衣にまどわされて、この中世社会最大の都市の存在を完全に見落としており、京・鎌倉・堺や戦国大名城下町などの研究に偏向している。また京・奈良や坂本の性格を見誤っている。これは致命的欠陥で中世都市史は従来の成果を精算したうえで、一から出直しである。境内都市の考察を抜きにした都市論などありえない。日本で最初に自生したメガロポリス、なおかつもっともピュアな自由都市である。その発生―発展―滅亡は、全体社会の革命であり、歴史の段階を画する重大な転機である。

都市と都城

境内都市にはもう一つ重要な問題がある。戦国大名・江戸時代の城下町には、惣構《そうがまえ》とよばれる都市全体をかこむ城壁や濠《ほり》がある。また鎌倉は三方を山、一方を海にかこまれた要害の地である。さらに近畿地方を中心に、戦国時代には惣《そう》村《そん》という自治村落が広く分布し、多くはまわりに水濠《みずぼり》をもつ「環濠集落《かんごうしゅうらく》」であった。堺や京は自治村落同様に、特権層の富裕商工民が政治をおこなったが、ここにも城門や環濠がある。一向宗《いっこうしゅう》寺院が支配する町は、「寺内町《じないまち》」といい境内都市とまぎらわしいが、やはり周囲に防御施設をもつ。顕密仏教《けんみつぶっきょう》の境内都市とは厳密に区別する必要がある。城門は戦争にそなえるほか不審人物の出入りをチェックする。これらの例から都市の必要条件に城壁をあげる人さえいる。

対して境内都市の外周、門前の外周に、このようなものはない。根来寺門内は、北・南・東を山に囲まれた天然の要害で、さらに砦《とりで》・土塁《どるい》を人為的に築造した典型的な城郭都市であった、本来は。だが西側がちがう。大門西方の小丘陵上とその外、すなわち防壁の上とその外の門前に子院が立ち並び、西谷とよばれる都市ブロックがあり、現在「西坂本」とよばれている集落と接していた。大門を通らずにこの丘陵をこえて、門外と門内を

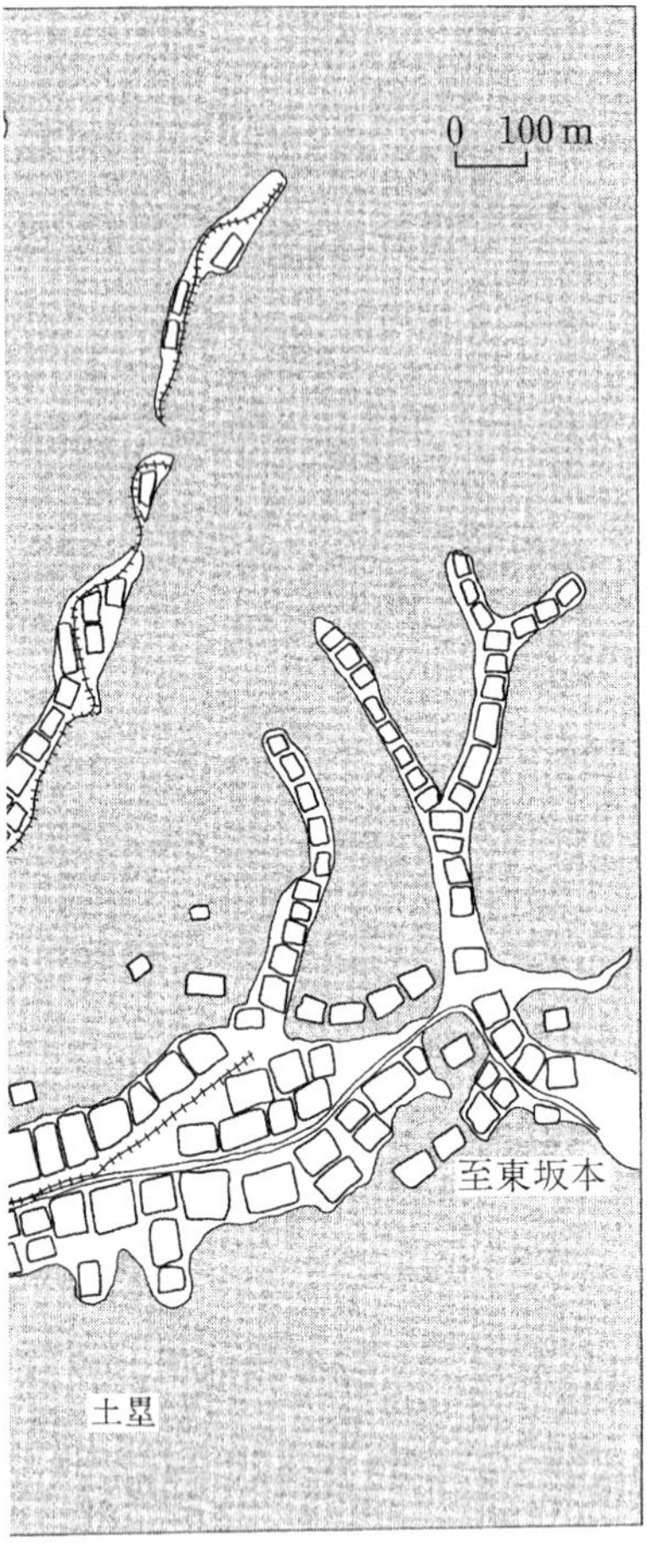

来寺展』図録より作成）

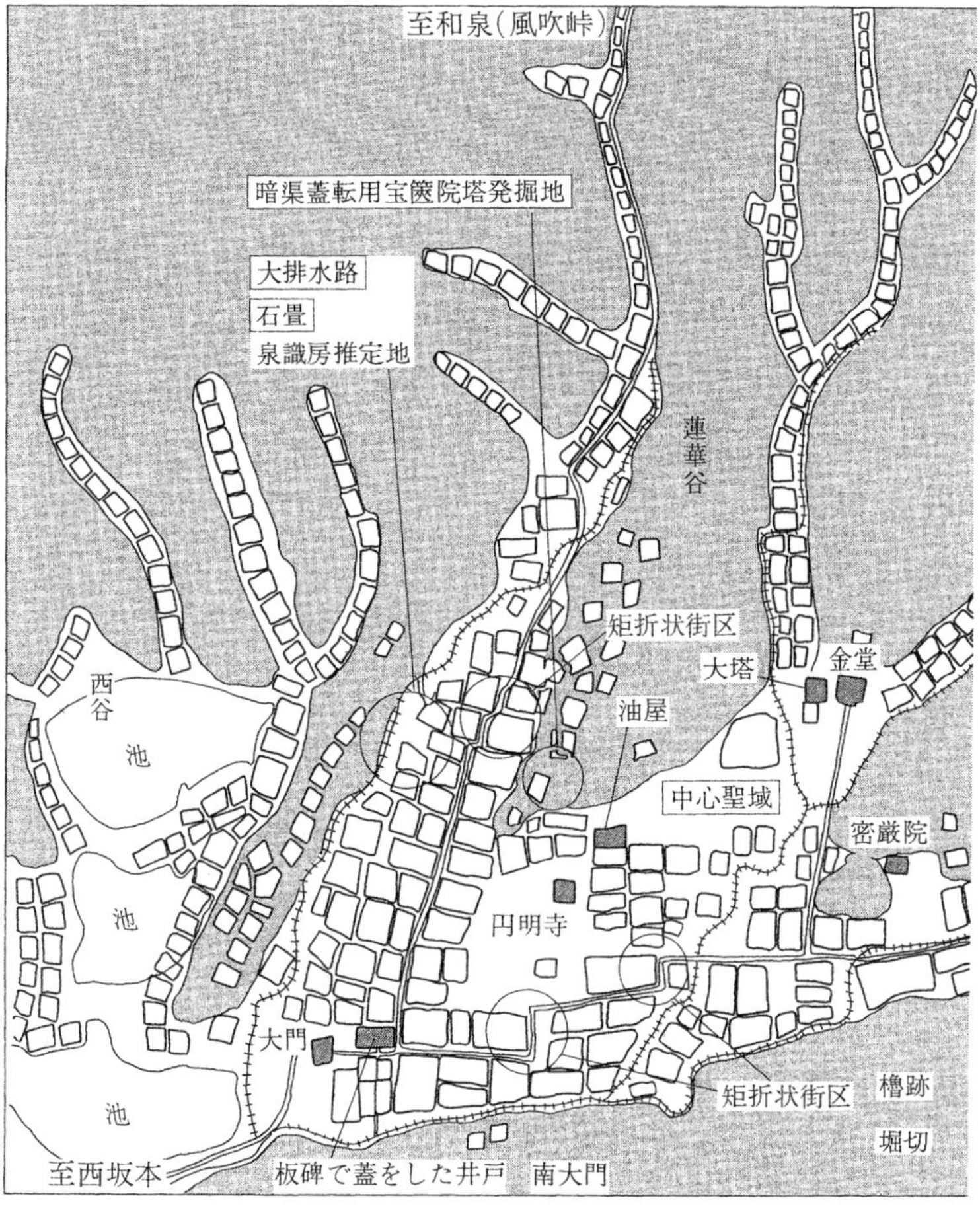

図9　根来寺門内概念図（根来寺大伝法院700年記念『根

結ぶ通路ができていた。丘陵上の子院が矢蔵《やぐら》などの防御施設であるとは到底考えがたい。外敵に対する自然地形の防壁を破壊し、侵入路を作ってやるようなものである。これは結界を無意味にするばかりか、城郭の防御機能を自ら放棄する行為である。そして門前外周、境内都市外周には防御施設は皆無である。同じことはのちに東大寺そして南都全体についてのべる。十五・十六世紀の都市化・人口爆発は、成立当初の十二・十三世紀の寺院景観を完全に変えた。

鎌倉の都市法にも禁令が見えるが、個々の都市住人は、支配者の軍事・政治的都市計画などにはまったく顧慮をはらうことなく、それに反する普請を勝手におこなう。なぜか。物資の運搬ほか経済行為には、城壁など不要というより破壊すべきじゃまものなのである。

明治以後の日本の都市で城壁など聞いたこともないだろう。寺社境内都市は経済都市であり、その意味で唯一の現代都市の先駆的存在なのである。軍事的に防御しにくく戦略上不利な条件にある京が、院政期をへて江戸開府までの長期間首都でありえた理由は、交通の要衝にある経済都市、叡山境内都市だった点に求められる。逆に鉄の要塞鎌倉は、堅固な防御施設とひきかえに背負った流通の便の悪さゆえ、戦国時代以後は滅亡し寒村と化した。

藤田弘夫氏は支配のための資源の集合体たる権力のみが「都市」を作るとする。だが境内都市という無権力状態から自生し、そのまま五世紀も存続した都市がある以上、そのまちがいは明白である。無権力都市はあるが無経済都市はない。都市の典型は経済都市以外にない。

「都市の空気は自由にする」と中世ヨーロッパでいわれたように、都市と自由は密接な関係をもつ。ということはいくつかのべたような、支配者がいて囲郭《いかく》をもち、都市計画の実効が大きい集落は、単純に「都市」とよんではいけない。都市と城郭を同列に論ずることも禁物である。もちろん城下町と堺・下京などの自治都市では、自由への抑圧の度合いは異なるが、結局これらは都市の奇形で「非自由都市」「都城《とじょう》」とネーミングし、自由都市とは厳密に区別する必要がある。北村優季氏も『平安京』で同趣旨の意見をのべておられる。明治以前、小規模の港や市の開かれる場をのぞき、都市は境内都市だけであった。

寺社境内都市の風景

〈南都の都市共同体〉

南都の門内・門前都市

南都では十一世紀の中葉から、土地、なかでも宅地の売券、つまり売買契約書が増加する。農地の売買契約書も宅地転用の意図をふくむものが多いだろう。永承《えいしょう》四年（一〇四九）以前に興福寺の四つの門の門前に「四面郷」といわれる興福寺領の住居区画ができていた。区画道路を示す「小路《しょうじ》」の語の京・太宰府以外での文書上の初見は、同五年の僧道誓家地売券《どうせいやちばいけん》（平六七九）で、場所は大安寺付近である。以後南都の宅地売券が増加する。この土地の権利書は、興福寺本坊《ほんぼう》に保管されていた。後世「大和国守護職」とよばれる興福寺が、早くも宅地の登記所、さらには保有権の認定者になっていたことがわかる。宅地が畦《あぜ》などでなく垣根《かきね》・小路・側溝《そっこう》などで囲まれているものが多い。境内都市の成立は、この十一世紀半ばを目安としてよかろう。

鎌倉時代には同じ敷地に三、四家族が居住する人口密集状態を示す史料もある（平二七三九追而書《おってがき》、建保《けんぽう》三年〈一二一五〉）。また京と同じ「頬《つら》」「巷所《こうしょ》」（ともに平三〇五〇、永暦《えいりゃく》元年〈一一六〇〉）という地名も現れる。

永暦二年に東大寺門内の土地である戒壇院《かいだんいん》東の上司《かみつかさ》の宅地が俗人美和気貞《みわけさだ》に売られ（平三二五七）、さらにやはり上司の地が応保《おうほ》三年〈一一六三〉平姉子《たいらのあねのこ》という俗人女性に買い取られる（平三二四八）。逆に門前の土地を寺僧が買い取った史料も多い。売買行為の保証者は東大寺自身で、多くは「開発の理」により保有権を認めている。これは武士＝開《かい》発《ほっ》領主の本拠地領有の根拠と同じ法理である。古代の聖地であった寺院門内は、仏陀法に反するにもかかわらず、中世寺院自身によって門前とかわらぬ私的保有地と認められていた。仏陀法は声高な対外主張であるが、内部では無視されていたのである。あまりにも利己的な法の適用である。久安《きゅうあん》六年（一一五〇）以前に、門前に「東大寺郷」（平二七〇七）が成立していた。東大寺郷は後の地縁的結合＝都市共同体の前身である。都市共同体は町内会にたとえられるが、結束の強さは今日とは比較にならぬ。のちには領主に抵抗する組織にもなる。

このように南都では門内と門前の人的交流がさかんになり、結界が消滅する。わずかに大仏殿や正倉院・戒壇院などをのこして、東大寺の門内・門前はパーフェクトな世俗空間となった。また門内宅地売券の境界をみると、おそくとも保元二年（一一五七）以前に、門内に縦横に道路ができていた（平二九〇七）。郷《ごう》に寺僧が、また寺内に俗人が住んでいたことをみると、人的な意味においても門内・門前結界は消滅していた。南都諸郷の地図をみてほしい。全域が門内・門前都市である。この語を案出するにいたったのは、実にこの地図による。

門内には商工民がいた。油屋《あぶらや》の楞伽院《りようがいん》は康治《こうじ》二年（一一四三）以前に成立し、金融などの事業をおこなって東大寺の経済を支えた。この子院は門内にあり、のちの東大寺七郷《しちごう》の一つ水門郷《すいもんごう》の母体となる。嘉暦《かりやく》三年（一三二八）には、東大寺の西面大垣《せいめんおおがき》の内側に「寺《じ》中郷民《ちゆうごうみん》小屋《こや》」が立っていた（鎌三〇四一一）。門内（旧結界《けつかい》内）の「郷」、都市共同体の明確な存在、これこそ理念型《りねんけい》境内都市＝門内・門前都市が、現実にその姿を現したありようである。明治の地図には、雑司《ぞうし》村・水門村の二つの村が旧門内の地にみえる。ともに平安

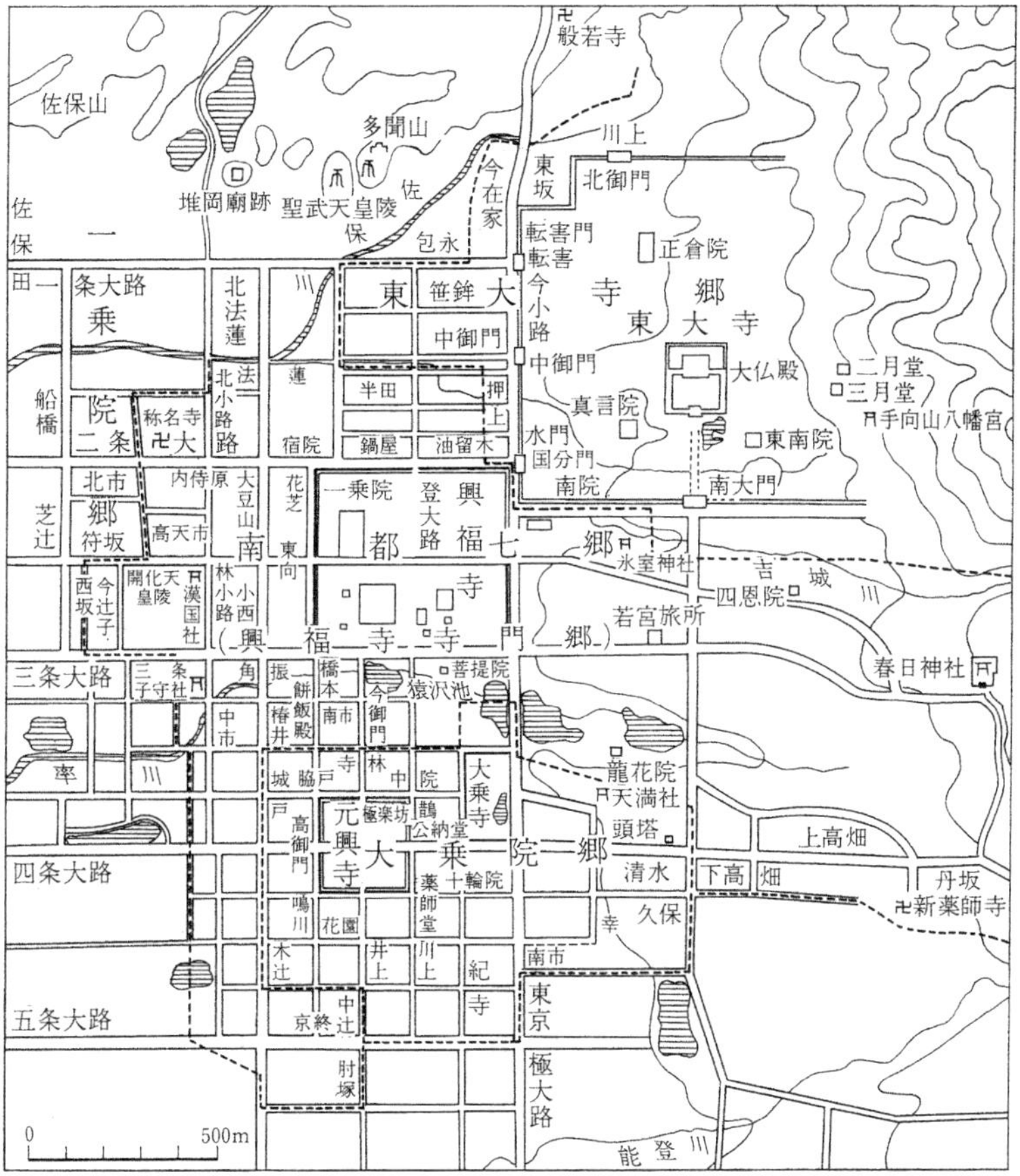

図10 南都諸郷図（永島福太郎『奈良』より）

時代の売券がある。

この様子は今でもみることができる。東大寺南大門《なんだいもん》を経て中門のところから正面の大仏殿へ行かず左折するのである。皆さんが住んでいるようなごくふつうの住宅地がつづく。だがここは明確に東大寺門内である。住宅を中世風に改造すればそっくりそのまま中世都市景観が復活する。

遅くとも十三世紀には、水門川のほか数本の通路が大垣を突き破ってできていたらしい。興福寺との戦争の危機がつづく時代にもかかわらず、軍事施設としての、また呪術的意味における門内・門外結界としての東大寺西面大垣は、こうしてその機能を失った。これはまぎれもなく経済的要因による。政治的空間設定・宗教的空間分割は、経済的現実によって容易に変更される。都市は政治や宗教に従属しては動かない軟体動物である。

入勝制

十五世紀の南都は、名称からいえば、東大寺・大乗院《だいじょういん》・一乗院《いちじょういん》・寺門《じもん》・元興寺《がんごうじ》の各郷の複合した都市である。東大寺・興福寺の二者、あるいはむしろ東大寺・一乗院・大乗院（後二者は興福寺の二大門跡）の三つの境内都市の複合体である。中世では警察権の発動を「検断《けんだん》」という。南北朝期の奈良の検断権は、これら三者が保持し、支配領域や犯罪内容によって権限が分割されていた。この分割のルールは固定していたのではなく流動的であり、各時代により変化した。検断に当る者は犯人の財産を没収できる。この経済的利益が大きい。

さて元興寺郷の検断権は、興福寺衆徒《しゅと》・別当《べっとう》・一乗院・大乗院が保持し、そのうち最初に検断使《けんだんし》（警官）を入れた者が当該事件の検断権をもつ、というのが十五・十六世紀の検断権秩序であった。いわゆる「入勝制《いりがちせい》」である。

現代の常識で考えると、絶対に理解不能な事象である。「一定地域に一つの権力」というドグマを捨てなければならない。このドグマのまちがいは中世史の常識である。だが権力論や国家論の問題になるとつねに復活するドグマでもある。単一公権の保持者が存在しない、すなわち無政府の多元的勢力のバランスの世界。これが境内都市である。

〈高　野　山〉

四ケ院と組　高低のある比叡山山上には、三塔十六谷《さんとうじゅうろっこく》とよばれる地形的要因による居住区域のブロックが存在した。高野山は地形的には同レベルの平地に寺院が立ち並んでいる。人為的な削平《さくへい》がおこなわれた形跡はあるが、それでも水路などで区切られた「院々谷々《いんいんたにだに》」というブロックがみられる。中世高野山山上は標高八〇〇メートル《メートル》の高地に

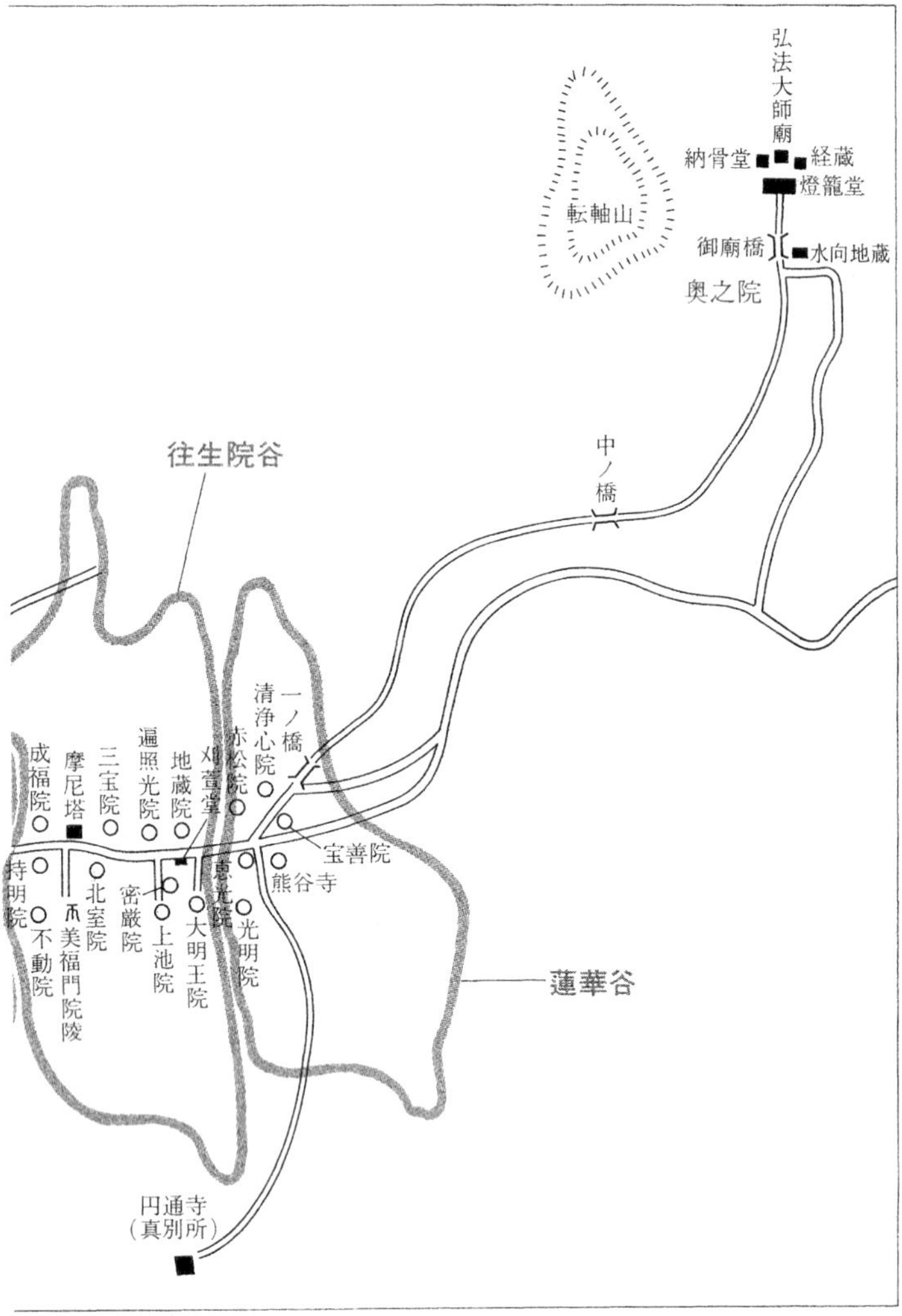

田真快氏『高野山金剛峯寺』より作図)

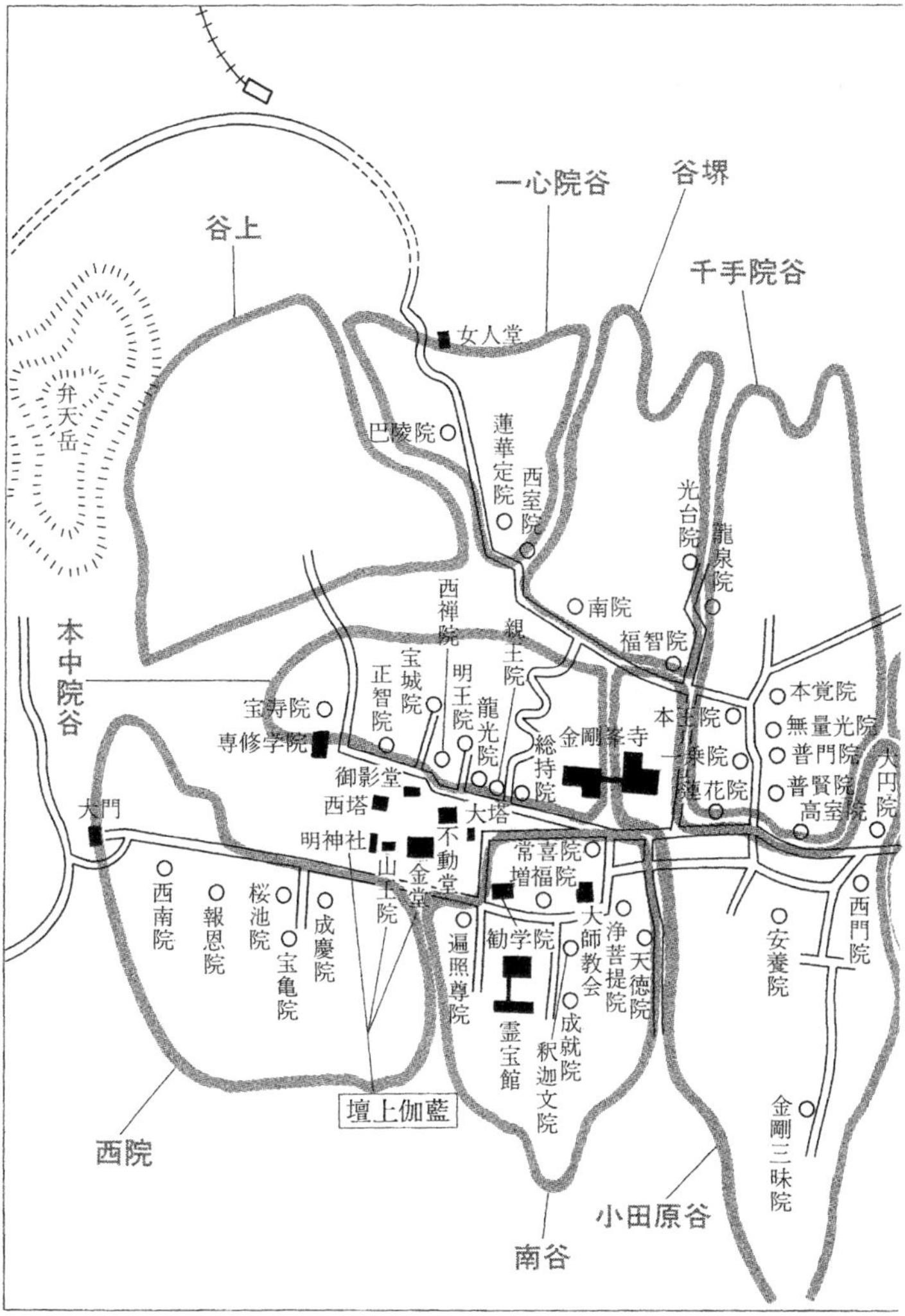

図11　高野山と院々谷々略図（堀

ポツンと孤立して都市があり、周囲は奥深い森林であった。高野山の都市共同体は「四ケ《しか》院《いん》」とよばれた。

子院以外には俗人住居などまったくない高野山山上に「間別銭《まべちせん》」がかけられている（金一七五、一五九三年）。これは建物または敷地の間口《まぐち》に比例して徴収される都市税で、農村にこのようなものはない。高野山が都市と認定されていることをはっきりと示している。

当然子院に面する道路・都市街区が先行してあった。根来寺には「菩提谷七番　蓮蔵院」（「中家文書」『熊取町史』）などという記載が多く現れ門内の谷における地番制がみられる。

文禄《ぶんろく》五年（一五九六）「学侶方石別《こくべつ》注文」（金一五四）は、たとえば「金剛三昧院与《こんごうざんまいいんぐみ》」に金剛三昧院、生印坊《しょういんぼう》、仙音坊《せんおんぼう》、覚林院《かくりんいん》、五坊《ごぼう》、栄任坊《えいにんぼう》、覚証院《かくしょういん》が属する、というふうに記した学侶方子院の調査記録である。「与」は「組」とも書かれるから、読みは「くみ」である。京の「町組《ちょうぐみ》」に対比できよう。各組は二〜一〇程度の子院からなる。学侶方子院の数約一九〇であるが、天正《てんしょう》十四年（一五八六）の顕如《けんによ》の見聞一五〇にちかい数字である。組の集合が四ケ院である。

四ケ院の初見は、延元《えんげん》二年（一三三七）の「官省符荘在家支配帳《かんしょうふしょうざいけしはいちょう》」（高七巻一六三五）で、末尾に西院《さいいん》・南谷《みなみだに》・中院《ちゅういん》・谷上《たにがみ》の各沙汰人《さたにん》が署判している。

四ケ院の政治組織的側面を示す明確な初見史料は、正平《しょうへい》十七年（一三六二）である（飛《ひ》見家文書《みけもんじょ》一二号、和二）。このとき後醍醐天皇から高野山にあたえられた新規獲得荘園が、先の四ブロックに、クジビキによって三〜五荘ずつ等分に配分された。この四地区は、高野山のシンボルである大塔《だいとう》や金堂《こんどう》をふくむ、壇上伽藍《だんじょうがらん》とよばれる前衛空間に隣接する学侶居住地域である。また伽藍・池などの掃除を四ケ院が分担する約束を定めた。この文中に「中院と谷上と分荘相論《ぶんしょうそうろん》」とあり、四ケ院はそれぞれ独立した権利能力をもつ自治体であった。

南北朝末期に、千手院谷《せんじゅいんだに》・往生院谷《おうじょういんだに》・五之室《ごのむろ》・小田原谷《おだわらだに》・蓮華谷《れんげだに》などの行人《ぎょうにん》・高野聖《こうやひじり》の拠点地域が、政治ブロックとして都市運営に参加するようになり、これも「四ケ院」とよばれた。四ケ院は四つの院の意味から、地縁的結合一般をさすことばに変化した。そしてしだいにこちらの勢力が旧四ケ院を圧倒する。谷は本来高野山が住人を把握できない別所だったが、しだいに勢力をまし都市周縁から都市共同体に変貌していく。

四ケ院は京の「町組」、南都の「郷」に相当するブロックである。谷の長である院主は一年任期もちまわりの輪番制であった。宝徳《ほうとく》二年（一四五〇）には「小集会評定事書《しょうしゅうえひょうじょうことがき》」が、「千手院廻院主《かいいんず》」あてにだされている（高三巻三九四）。院主は特定の院にかぎられることはなく、ブロックの支配者ではない。千手院谷の全構成員とみられる四四ケ院が書上げられているが、開発の遅かった「谷」らしくほとんど行人・聖《ひじり》寺である。「院内安穏《いんないあんのん》」をいのる文言がみられ、院が精神生活の単位となっており、住民意識がみられる。

廻院主の任期満了後の残金と院の共有文書は、厳重な校合《きょうごう》のうえ後任の廻院主に引継がれた（高四巻一四四・五、同年）。院単位の自治都市的運営体制がみられる（高四巻一六九、康永《こうえい》元年（一三四二））。格の高い学侶寺《がくりょでら》ばかりの中院にも廻院主がみられ町組化している（高五巻六七三）。そこでは預・行人が院に付属するかたちで存在している。院々は各別に荘園を保有し、そのほか用木・薪を採取する「院内山」という共有財産もある。「院内大工」という共同体付属の職人がいる。

このような交替制・輪番制・諸役《しょやく》均等負担原則は無数に見出され、高野山の都市共同体は南北朝期には十分に機能していた。その成立は南都にはおくれるものの、天文二年（一五三三）以後に大きく発展した下京《しもぎょう》の町組より古いようである。もちろん京でも町組の前身的結合は天文以前からある。町組は京都で明治まで存続した市民の自治組織である。

都市社会資本

都市共同体ブロックごとに、中核となる、住職のいない堂宇《どうう》がある。谷上院の金剛心院《こんごうしんいん》、千手院谷の千手堂《せんじゅどう》、往生院谷の萱堂《かやどう》などである。これらは都市の町堂である。精神的なきずなを維持するための都市社会資本である。

高野山では文永八年（一二七二）に、「諸院温室《うんしつ》、俗人ならびに客僧《きゃくそう》においては、未《ひつじ》の螺《ほら》以後に入浴すべし」（鎌一〇八五六）と記された史料がある。湯屋が俗人にも開放されていたことが確認される。湯屋開設は作善《さぜん》＝仏教的善行であり、病気治療の呪術施設の建設である。だが同時に衛生面での都市社会資本整備でもあるところに重要な意味がある。

中世の入浴習慣についてはあきらかでないが、南北朝期、祇園社の最高位の執行は、病人でもないのに五日に一回程度、湯・風呂に行っている。時衆《じしゅう》の経営する霊山《りょうぜん》の湯が多い（『八坂神社記録』）。鴨東《おうとう》の人びとの日常習慣となっていた。こうなると治病呪術としての湯とはいえない。

十五世紀のフランスでは王でさえ入浴習慣がなかった。アンリ四世の第二夫人は王を「腐った肉のように臭い」といった。フランスで香水が発達したのは、悪臭を消すためだという俗説がまことしやかにいわれる。境内都市住人はパリジェンヌより〝お洒落《しゃれ》〟である。

自治都市にあらず

今までの説明は、実は境内都市高野山の景観分析の半分以下にすぎない。山下《さんげ》にある慈尊院《じそんいん》・天野は山上と一体不可分の同一都市の半身である。慈尊院の規模は四〇〇メートル四方とも六〇〇メートル四方ともいわれるが、これはおそらく慈尊院の政庁《せいちょう》部分のみであろう。都市慈尊院はすでに承安《じょうあん》四年（一一七四）段階で、「坊舎《ぼうしゃ》・民屋《みんおく》八十余宇」といわれる人口密集地であった（平三六六八）。この数は戦争で破却された家屋の数である。家数はもっとずっと多かったであろう。慈尊院は「政所《まんどころ》」ともよばれ、高野山の実務機関がおかれた。山上山下《さんじょうさんげ》は一体である。

さて境内都市は、町組＝「院々谷々」＝自治組織が、社会資本整備や街区建設をおこなうことから、その複合体＝「自治都市」であるかにみえる。だがそうではない。第一にこれまでの考察は、都市共同体部分にしかおよんでいない。第二に自治は共同体次元に存在するだけで、境内都市総体は自治とはまったく相反する原理で動く。

四ケ院による荘園分割という最も重大な政治課題がクジで決定されるという事実は、総体としての「寺院権力」の性格を如実に物語る。クジは本来神慮《しんりょ》の現れと認識されていたが、さめた眼をもっている人びとにとっては、より実害の多い喧嘩や戦争によるロスを避けるための政治システムである。神慮をかたく信ずる人びとでも、クジによる決着が慢性化・制度化した場合、厳粛な気持を保てまい。百歩ゆずっても、これが人間によるやりとりやせめぎあいによる、法理に支えられた人為的な合意による結着でないことだけはあきらかである。最重要課題の処理が、クジビキでしか決定できない高野山の自治は、まったく未熟と言わざるをえない。これはイデオロギーを欠いた無機的な「状況的合意形成システム」である。システムは状況的であるが、まぎれもなく定型的な制度である。境内都市はとうてい権力組織といえないし、かといってしばしば誤解されているような、円滑に運営される合議体でもない。自治を超える境内都市の原理、それについてはさらに後述する。

〈叡山門前としての京〉

下京・鴨東　叡山の門前といえば、だれしも反射的にまず大津市坂本《さかもと》を考える。だがこれは根本的な誤りである。坂本も交通の要衝であり、十六世紀には国内十指を屈する巨大都市であったことは事実である。だが現在の修学院離宮《しゅがくいんりきゅう》付近の赤山禅院《せきざんぜんいん》周辺も「西坂本」とよばれ、山上から雲母坂《きららざか》（西坂）経由で直接北白川の院政政権の根拠や六波羅にせまれる。現在でも雲母坂の上から京を見ると、京都御所や二条城がはっきりみえる。逆に京から叡山の動静はうかがえない。これは絶対の戦略的優位で瞬時にして京を制圧できる。京はこうした不安定な状態のまま五〇〇年近くをすごした。

実は叡山境内として、坂本以上に重視すべき場所は首都京なのである。祇園社感神院《ぎおんしゃかんじんいん》は

図12　西 塔 政 所

比叡山西塔の政庁，山上にありきわめて珍しい残存例．高野山の政所は山下慈尊院．

図13　祇園社感神院（現八坂神社）

叡山の末寺、日吉社《ひよししゃ》の末社であり、中世には近接して叡山門跡の青蓮院《しょうれんいん》がにらむように位置していた。叡山の嗷訴《ごうそ》の際、感神院に日吉神輿《しんよ》が着座する慣例がある。進発基地である。赤山禅院・北野天満宮《てんまんぐう》・京極寺《きょうごくでら》の神輿も嗷訴の際に内裏《だいり》や室町幕府を包囲する形で進発する。感神院の別当《べっとう》は天台座主《てんだいざす》により任命される山僧である。弘長《こうちょう》二年（一二六二）の園城寺《おんじょうじ》との争いの際には、諸門跡とともに祇園別当が山上によびだされて対策を協議した（『天台座主記』）。叡山の嗷訴の先兵は「軍事行動のとき必ずお供《とも》」する祇園の犬神人《いぬじにん》であるが、かれらは「山門西塔釈迦堂寄人《さいとうしゃかどうよりうど》」（『増補　八坂神社文書』一二四六号、文和二年〔一三五三〕）でもある。感神院は独立した存在ではなく叡山の一構成部分であった。

賀茂川（鴨川）の東は鴨東《おうとう》とよばれ、延久三年（一〇七一）以後、北は三条南は五条、西は賀茂川東は山までの広大な地域が、祇園の境内地とされていた。この地域の感神院付属の堀川《ほりかわ》材木商人の起源は非常に古く、伝承では陽成《ようぜい》天皇以来とされ、『玉葉《ぎょくよう》』治承《じしょう》四年（一一八〇）正月時点における材木商人の存在が確認される。建築用材の独占には決定的な意味がある。

六波羅《ろくはら》至近の鴨東は「社辺《しゃへん》」と明記された門前である（鎌一五八八七）。この語は「寺辺《じへん》」と対応する。門前は「触穢《しょくえ》」に抵触する境内都市の一部と主張され、四至牓示《しいしぼうじ》という境

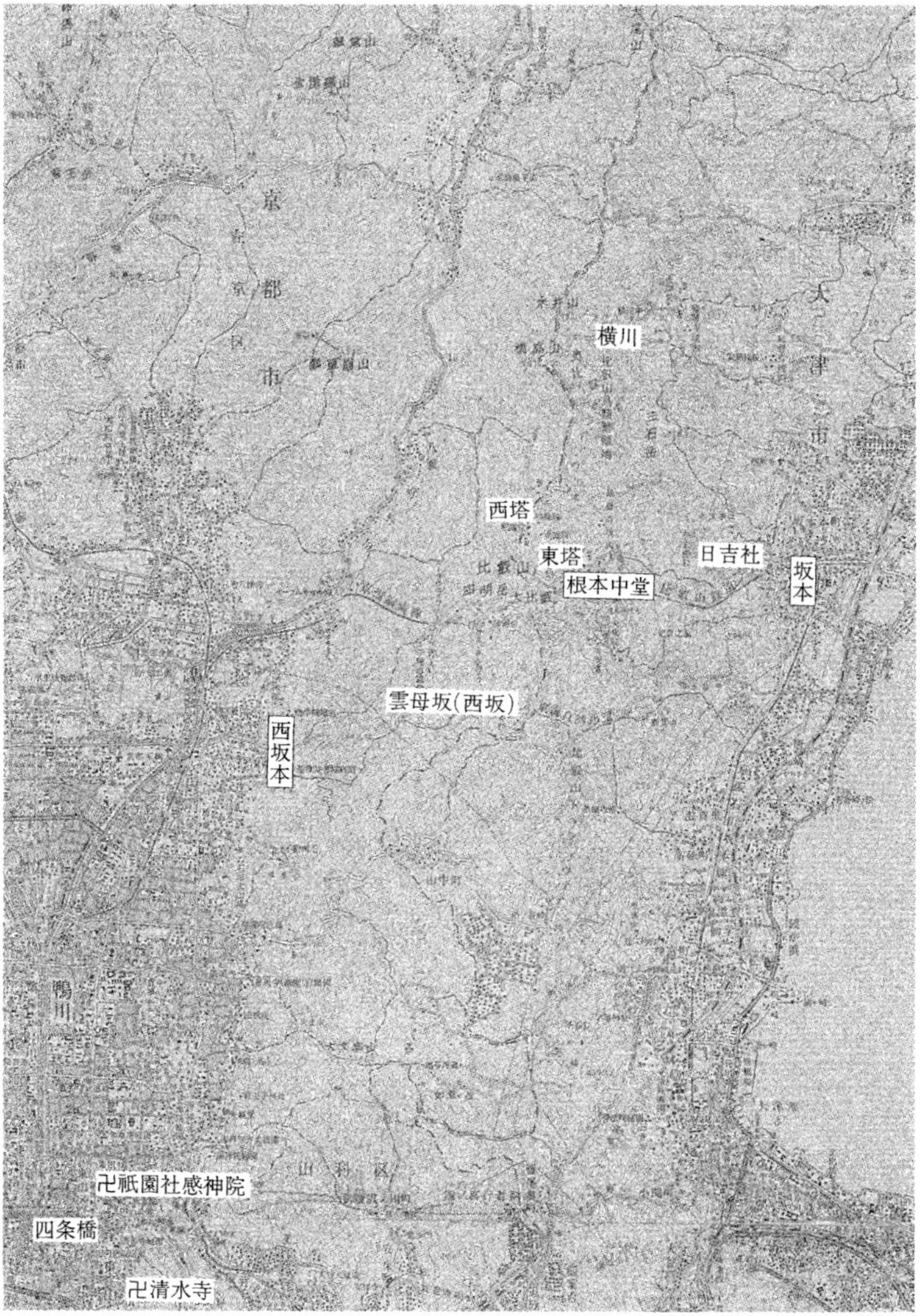

図14　延暦寺と京・坂本

界の杭または石が打たれている。これらは外からの侵入に対する防衛ラインで、外部への膨張・進出を自己限定するものではない。外に向かっては無限に拡大しうる。タブーの象徴であればこういうことはおこらない。寺社の主張する結界とは聖俗区分のタブーではなく、外方向への一方通行の標識なのである。都市に結界はなく、経済規模に比例する「限《げん》界《かい》」のみが存在する。室町時代には、七条付近が京の南の限界であった。四至牓示は結界石ではなく、いわば「限界石」であり、城壁や堀をともなわない。ちなみに南都の南の限界は元興寺郷でその南には何の防御施設もない。

鴨東・下京《しもぎょう》こそが境内都市叡山の中核である。叡山は「王城《おうじょう》の鬼門《きもん》」ではなく、「首都の南半・東半」なのである。従来の「京都都市史研究」の多くは、実は境内都市延暦寺の研究であった。叡山が戦国時代にいたるまで、遠方の粉河寺《こかわでら》・根来寺《ねごろでら》さらには日光にまでおよぶ全境内都市群に対し、日蓮宗《にちれんしゅう》・一向宗《いっこうしゅう》退治などについて一種の指令をだしうる境内都市群の盟主の立場を保ちえたのは、首都にかけつづけた絶大な政治的圧力による。

不入権・裁判権

平安末以来下京には祇園会《ぎおんえ》の際に神輿がたちよる旅所《たびしょ》が多く散在していた。大政所《おおまんどころ》・少将井《しょうしょうい》・片羽屋《かたはや》などが重要な旅所で、神主が常駐してにらみをきかせていた。それらは感神院境内の延長としてあつかわれ、公家の警察機構である検非違使《けびいし》不入権を得た感神院が検断をおこなった。このことはひとり比叡山のみではない。他の境内都市もその所領の荘園をふくめ、国衙《こくが》・検非違使・守護《しゅご》などの立ち入りを絶対に許さず、独自の裁判所や警察機構をそなえ、逮捕・裁判・処刑をおこなった。

商都

十四世紀はじめ、京市中約三〇〇軒の土倉《どそう》のうち、二四〇軒ほどは山門の支配下にあった（『中世政治社会思想』上、解説）。京の経済の重要部分を統轄していたのは比叡山である。また叡山をバックにした金融業者で利益の一部を叡山におさめる、いわゆる「山門気風《さんもんきっぷ》の土倉」は、その九〇％が京中でのこりが坂本である。これをみても本当の叡山門前は坂本ではない。つぎの図には下京のみならず上京にもまんべんなく分布する酒屋・土倉・油屋がみられる。これらは大半金融業者、そして預金引き受けもおこなう。今でいう銀行である。

下京では祇園諸座が商工業座の大半を占める。祇園綿座《わたざ》の神人《じにん》は、確実なところでは建《けん》長《ちょう》年間（一二四九〜五六）以前から、三条・七条・錦小路《にしきこうじ》に居住していた。ここは今日までつづく京の中心的商業地区である。さらに応永《おうえい》年間（一三九四〜一四二八）には一条・四条室町・五条坊門《ぼうもん》烏丸《からすま》・五条油小路《あぶらのこうじ》・六角《ろっかく》などにも居住区が拡大した。最も広義に言えば、鴨東とともに祇園会のおこなわれる下京、これがすなわち「叡山＝感神院境内

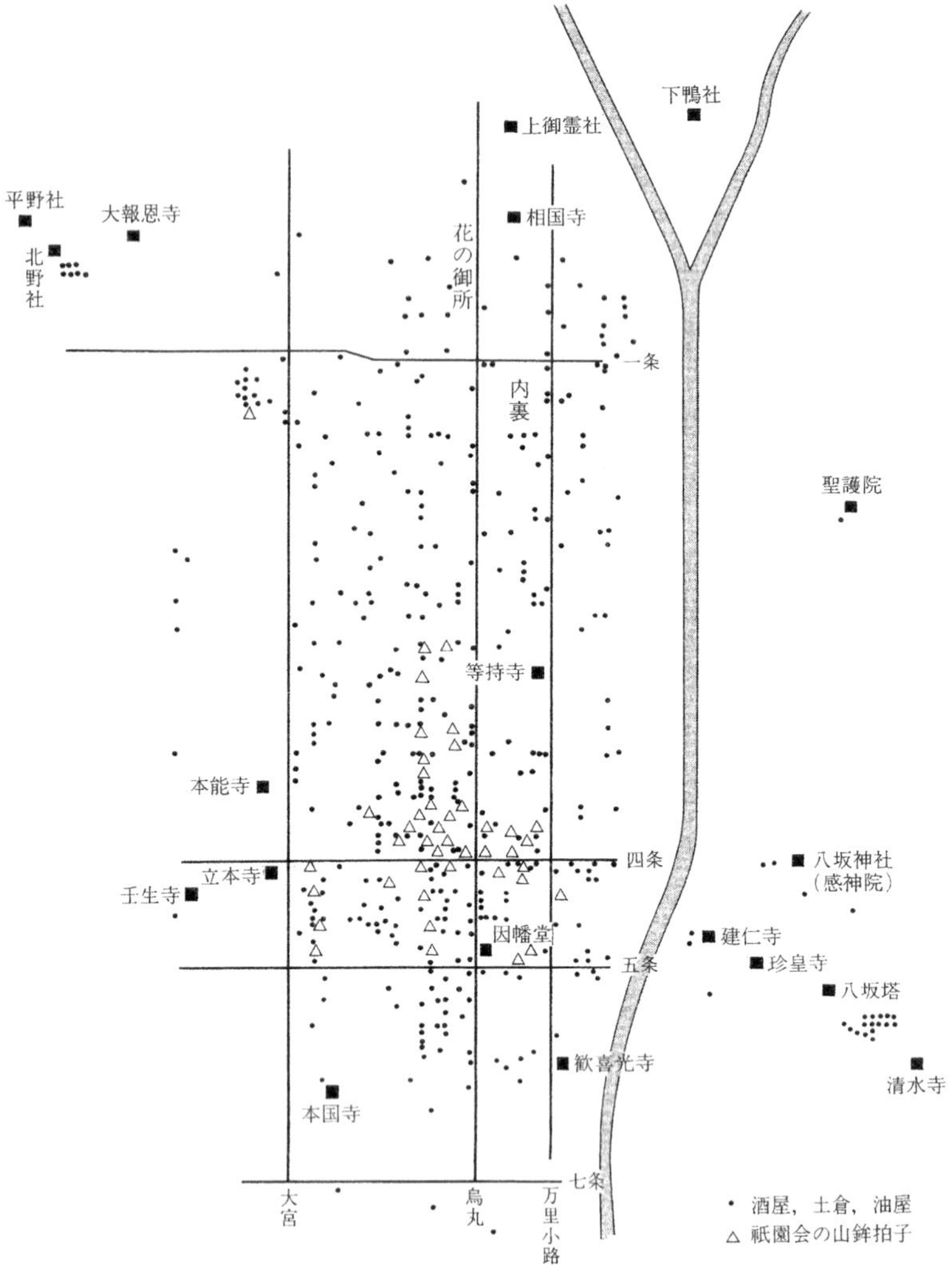

図15　室町期の京都（『図集　日本都市史』より作成）

都市」である。

室町幕府は叡山と妥協し祇園を傘下におさめようとした。だが戦国時代を目前にした長禄《ちょうろく》四年（一四六〇）になっても、幕府は四条橋かけかえなどの土木・建築工事に、感神院の木屋座《きやざ》（『増補　八坂神社文書』二四七号）の力を借りている。鎌倉以前の公家・武家同様、幕府が商人・職人を掌握したり、独自の商工民組織を十分もちえておらず、技術者を境内都市群に大きく依存していた証拠である。この点で境内都市群の存在意義は依然重要であったといえよう。戦国大名や織田政権の楽市楽座令《らくいちらくざれい》、つまり商工業座による独占排除を経て、江戸時代になって旧境内付属職人を国家権力が掌握する体制がやっと完成する。

ともかく門内・門前職人をとりこむほうが、境内都市とことを構えるよりは有利である。本来経済都市が政治権力と正面衝突する原理的必然性はないともいえる。室町幕府と叡山境内都市との、平和共存とも冷戦ともつかぬ関係がスタートした。

祇園会から祇園祭へ

祇園会は本来朝廷が祇園社に祈願して、天下万民のため疫病神《やくびょうがみ》退散をいのる祭であった。この性格は後世にものこるが、第二段階、一〇世紀末、天台座主良源《りょうげん》によって感神院は叡山末寺となる。従順な神祠《しんし》であった感神院は政治色を強め、祇園会はその後ながく叡山境内都市の祭に変化した。嗷訴のときには叡山は日吉小五月会《こさつきえ》を中止し、連動する祇園会の中止を指令し、執行した場合は処罰すると威嚇した（『増補　八坂神社文書』三一五号）。

狭義の祇園会である神事《しんじ》・神輿渡御《とぎょ》と、南北朝時代にはじまる祇園祭最大のよびものの山鉾巡行《やまぼこじゅんこう》は、本来切り放せない一体の行事であった。だがこの両者はすでに室町時代に、別々におこなわれるケースがふえる。また祇園社と叡山との間の対立もおこってくる。

天文二年（一五三三）、前年の一向一揆に関連してか、この年嗷訴があり、慣例により祇園会中止と決まった。だが下京六十六町の月行事《がつぎょうじ》（代表者）は、山鉾巡行だけは独自におこないたい、といって感神院に群参した。これは有名な事件で、町衆《ちょうしゅう》（京の富裕な町人）の独立宣言といわれている。ただ正しくは祇園社からではなく叡山からの独立である。

この事件には裏があり、群参は室町幕府の教唆《きょうさ》による。幕府から「下京地下人中《しもぎょうじげにんちゅう》」にあてて、「祇園会の六月七日の山鉾の準備をせよ、山鉾巡行を執行すれば神妙と思う、と将軍が仰せられた」（『室町幕府文書集成』奉行人奉書篇三三一九号）という文書がだされた。三年後の法華の乱の際には、京を灰にするだけの実力をもっていた叡山と、祇園・下京の関係を切断しようとする試みである。

この第三段階で叡山境内、感神院と下京が独立し、祇園祭という町衆の祭が幕府の力を借りて成立した。これ以前を「祇園会」以後を「祇園祭」とよぶべきだろう。ともあれ自治都市下京の成立である。だがこれは前進とばかりは評価できない。実際、これ以後、祭礼についてのこまかい指示を幕府がおこなうようになる（『祇園社記録』三巻「祇園社記」第十二）。またもちろん主導権は町衆にあるが、町組が幕府の行政単位の末端としての役割もになうようになる。

ところで院政期の『年中行事絵巻』で諸社の祭礼場面をみると、長刀《なぎなた》・弓矢を持たない人のほうが少ない。これらに邪気をはらったり、神の降臨《こうりん》する呪術シンボルとしての意味しか見出せないような感覚はゆがんでいる。実際文永六年（一二六九）六月十四日などには見物の武士との間で傷害事件がおこっており、ケンカは日常茶飯事であった（『天台座主記』）。江戸時代、天和《てんな》三年（一六八三）に、諸社の神事に具足《ぐそく》・刀・鑓《やり》などをコスチュームとして用いることを禁ずる治安立法が出された（『八坂神社文書』三二八号）。武士以外は日常、武装解除させられている近世社会においてすら、祭礼とは武装した人びとの集結する時空なのである。長刀は第一義的に武器であり、これを威嚇的にふりまわすことは、中世人にとって大いなる生命の解放なのである。呪具・祭器であることは二義的である。実際祭礼の場には危険がつきまとう。祭は一面戦闘のシミュレーションである。一々の事象に呪術的意義を付会する近年の学説は問題が多い。

祇園会は院や将軍がたびたび見物する京の風物詩でもあった。しかし天文の画期以前は、公家・六波羅探題《たんだい》・室町幕府に対する軍事デモンストレーションとしての意味が見出せる。嗷訴により祇園会が中止（延期が多い）されるのは、祇園会が嗷訴の代償行動であった証拠である。武具は着していないが武器はもっている。武装集団の集結状況という点では両者はなんら変わりない。平和時にこそ軍事力の顕示が欠かせない。

院北面《ほくめん》（院の警固をする武士）の設置や源氏・平氏の登用は、比叡山の嗷訴対策という色彩が強い。祇園会に院・室町幕府は多額の用途を支出したが、これを寺社崇敬《すうけい》や鎮護国《ちんごこっ》家祈禱《かきとう》に対する奉賽《ほうさい》の面からばかりでなく、境内都市懐柔、あるいは叡山の無言の威迫《いはく》に対するやむをえざる支出という側面からもみていかなくてはなるまい。

第一段階にもどるならば、祇園会は鎮護国家をこえる全体社会最重要の治病呪術というニーズにこたえるサービスであった。第二段階の祇園会はとりもなおさず、叡山による公家からのその執行権の奪取、祭祠権の掌握を意味する。第三段階においても祇園祭は町衆＋幕府の祭であった。終始一貫、感神院は自立した存在ではなかった。公家↓叡山↓室町幕府＋町衆、の傘下にある一小寺社にすぎなかった。江戸幕府も祇園祭に統制を加えた

(『祇園社記録』)。純粋な町衆の祭になるのは実は明治以後なのである。

ここで付言しよう。京というところは俗人人口が絶対多数を占め、寺院境内の雰囲気などまったくないように思われる。これを延暦寺境内と断ずるのは無謀ではないだろうか。この疑問はたいへんもっともである。だが今一度先の東大寺門内の景観をおもいだそう。宗教的雰囲気など皆無だったではないか。われわれの聖地イメージがまちがっているのである。

地理的に離れていても、経済的な相互依存があるかぎり、門内門前は一体、山上山下一体である。京の住人について考えてみると、日吉神人《ひえじにん》たる山門気風の土倉が全域に充満している。また多数の祇園社旅所が下京にあって、その神主が旅所と周辺の警察権を事実上握る。あきらかな叡山勢力下の都市である。

宣教師《せんきょうし》ルイス・フロイスが記している俗服《ぞくふく》で有髪《うはつ》という姿、これが俗人でなくて何であろうか。これは僧侶の、とくに破戒的とはいえない姿なのである。僧俗の不分明と僧俗の混在は鎌倉も鴨東・下京も変わるところはない。

宗教めいた扮装《ふんそう》と実体とは関係がない。化粧から素顔を判断することはできない。境内都市は宗教都市ではなく経済都市である。香華は都市民の一部が自主的に選ぶコロンであって、香華とは無縁の俗体の人間も数多くいる。

天文法華の乱

戦国新仏教セクトはほぼすべて天台宗《てんだいしゅう》から派生したといわれる。これは当然のことである。その理由は天台の教義内容だけによるのではない。最も多くの人々が集住し、また通過してゆく首都の大半が、天台宗の叡山境内都市だったからなのである。

祇園祭成立以後の京のようすをみよう。下京には日蓮宗寺院が多かった。天文《てんぶん》五年（一五三六）に、かれらは「俗徒《ぞくと》」を率いて叡山と戦って敗れ、上京の三分の一、下京全部が焼きはらわれた。いわゆる天文法華の乱である。京都の歴史を語るとき応仁の乱以上の意義をもつ。

日蓮宗は天台宗の二大経典たる法華・大日経《だいにちきょう》のうち、法華経《ほけきょう》という「経」を仏そのものと同等あるいはそれ以上に尊ぶ宗派で、法華宗《ほっけしゅう》ともいい、天台宗からみれば逸脱した教義であるが、まぎれもなく天台宗の延長線上にある。京に日蓮宗をひろめた日像《にちぞう》は、民衆仏教的色彩の強い持経《じきょう》者的姿勢を肯定した（延慶《えんぎょう》三年〔一三一〇〕、辻善之助『日本仏教史』中世篇之四参照）。

同宗の本能寺《ほんのうじ》は六角大宮《ろっかくおおみや》の地に「非人風呂《ひにんぶろ》」を経営し、社会資本整備と救済活動をさかんにおこなった（『室町幕府文書集成』奉行人奉書篇二四二号、永享十年（一四三八））。天台宗別院である祇園社の旅所から流れる法華経は、人びとに乱の予感をあたえたであろう。下京が比叡山門前であり、法華経への慣れ親しみがあったからこそ、日蓮宗が栄えたのである。信者には町衆が多かった。山門気風の土倉も多くふくまれていただろう。

天文《てんぶん》元年の山科一向一揆《やましないっこういっき》以後、京の市政権を握ったのは日蓮宗を多くふくむ町衆であった。町衆は当時の都市税であった地子銭《じしせん》などの不払運動をした。これは叡山にとっても幕府にとっても絶対に許しがたいことであった。その旗印となったのが、「似て非なる天台宗」、つまり日蓮宗の「南無妙法蓮華経《なむみょうほうれんげきょう》」の題目であった（妙法蓮華経＝法華経）。これが天文法華の乱の真因で、宗教的近親憎悪の側面もあるが、叡山による純然たる「聖戦」とはいいがたい。だが叡山の呪術的抑圧からの脱出の試みという精神面における意義を全否定してはなるまい。

法華一揆はいったん敗れ堺にのがれた。この決着は一一年後に、日蓮宗寺院側が叡山の形式上の末寺《まつじ》となり、毎年一〇〇〇貫という多額の、富裕な町衆にとっては少額の末寺銭をしはらうことを条件に京にもどることで終息した。不透明な決着であるが結局のところ日蓮宗寺院は復活して叡山から独立し、町衆の運営する自治都市下京はふたたび繁栄したのである。町衆は本来叡山境内都市民であり、それが幕府と結んで独立したのである。その後の京の繁栄は絢爛豪華《けんらんごうか》な『洛中洛外図』に描かれている。そして比叡山はその端にただ「双子山」と書かれるだけの存在となった。

都市周縁と都市問題

人口爆発

高野山では山地部が切り開かれ、平地部の周囲はすべて断崖になっている。人口爆発と住居開発の痕跡である。人口爆発はどの寺院でもおこり、深刻な問題になっている。門内・門外結界の崩壊や念仏者《ねんぶつしゃ》の急増、また参詣者とも遊行僧《ゆぎょうそう》ともつかない人びとが、「宿借人《やどかりにん》」として居ついてしまう、などの原因による都市の人口爆発は、都市共同体住人の不安を醸《かも》し、都市秩序の危機と受取られたようである。

応永二十年（一四一三）の学侶発給文書（高一巻四四一）では、真言密教の聖地高野山に、他宗の人間の居住をみとめない先例をもちだしたうえで、念仏者である「高野聖《こうやひじり》」とよばれる時衆の活動を非難した後、「今においては、寺家《じけ》大体念仏の庵室《あんしつ》となりぬ」と、真言宗滅亡の危機感をあらわにし、「寺辺《じへん》において庵室を新造すること堅く制すべきの事」と、門前に時衆方の子院を作ることを禁じている。人口問題が高野聖と参詣者の急増にともなっておこり、エトランジェが学侶に脅威をあたえたことがわかる。学侶には都市問題が一面宗教問題とみえている点は興味深い。

　永正《えいしょう》六年（一五〇九）に「宿借衆」「奉公人《ほうこうにん》」「無二奉公一同行中間《ほうこうなきどうぎょうちゅうげん》」の統制命令がだされている（高四巻一四九）。参詣者とくに念仏者が居付いてしまった場合が多いだろう。また前掲史料（金一七五、文禄二年（一五九三））には家筋をもたないシングルズの「独住《どくじゅう》」の禁令もだされている。このような借家人の問題も都市特有のものである。古くは保元新制で京の寄宿人《きしゅくにん》を検非違使に調査させた例がある。また近世城下町では、これについて頻繁に禁制や統制令、その把握命令がだされている。これは治安維持という別の重要な都市問題である。村落共同体では成員は通常明確でこうした問題は生じない。

　高野山の発掘調査によると、建築遺構が何重にも重なり合い、建物一棟を完全に検出することさえ困難である。不安定な住人が多く、人家の建設破壊が頻繁だったようである。

だが門内・門前都市は、人口抑制策を徹底できない、宗教的属性にともなう一種の弱点ももちあわせていた。寿永《じゅえい》二年（一一八三）に「無縁施行《むえんせぎょう》」がおこなわれた。飢えた人びとに食事を提供する施行は、慶長《けいちょう》十二年（一六〇七）という非常に遅い時期（高三巻四九一）まで、すなわち中世の最初から最後までおこなわれた。後者には「谷へ施行」とある。高野山周縁の「谷」にいる乞食などに対する救済事業であろう。

都市問題と世界宗教

近世初頭に、高野山壇上伽藍の東端、門内・門外境界地点に接待所（旦過《たんが》）があったことが確認される。「摂待《せったい》」の語は、弘和《こうわ》四年（一三八四）「僧摂待良勝坊勧進用途《りょうしょうぼうかんじんようと》」（高三巻四九八）と史料にみえる。この救済事業の起源は古い。

現在、東西本願寺《とうざいほんがんじ》に「接待所」という名称の建物がある。東大寺の場合も門内中枢の勧進所付近に「摂待所」があったことが、古絵図にみえるという。従来接待所については参詣道沿道のものだけが注目されている。寺院門内のものが軽視されている点は問題である。

最下層の参詣者に宿をあたえ湯茶の支給をおこなう接待事業は、西ヨーロッパにも類例のある汎人類的《はんじんるいてき》慈善事業である。接待所とそのなかにある宿泊施設の旦過は、ポルトガル宣教師の日本語辞書『日葡辞書《にっぽじしょ》』に項目が立っているように広汎に存在した。それによると「巡礼や貧者を招いて茶のもてなしをする修道院《しゅうどういん》付属救護所のような家、巡歴《じゅんれき》する坊主《ぼうず》の宿泊する所、修道院の経営する旅人の無料宿泊所のような所または家」「乞食貧人《ひんじん》を請《しょう》じおく家」と記されており救済施設として無視できない。世界宗教たる仏教のヒューマニズムから作られた施設である。

お茶は体によく、薬として使われた。茶の接待は寺院にはじまり、本来は薬効による病気治療呪術と深い関係がある。しかし南北朝時代の京では、「一服一銭」という相場の、一種の喫茶店が境内に数多くできる。喫茶の場は准都市社会資本かつ民衆サロンという性格が強くなる。このような施設もあきらかに寺院から発生した。

もちろん人口爆発の主たる原因を慈善事業から説明することはできない。だがともかく接待事業も非人らへの施行も、人口膨張抑止を不徹底にさせる条件であり、都市にとっては頭の痛い問題であろう。

基礎的労働と人口支持機能

さて都市問題の一つとしての葬送についてのべておく。墓所スペースのない人口密集地の都市では、葬送に専従する人びとが必要であった。葬送は四十九日追善などの葬祭《そうさい》と異なり、死穢観念《しえかんねん》（貴族社会では死はケガレとみなされた）にかかわる死体処理・墓掘りなどの基礎的労働をふくむ。禅律僧《ぜんりつそう》・念《ねん》仏僧《ぶつそう》は葬送にかかわり、これが民衆的基盤の確立に大きな力があった。このとき基礎的労働者は、生活の糧《かて》を広い範囲で得た。純経済史的にみれば、これは一つの職業の起業、雇用創出である。近世の「葬式仏教」は、宗教を忘れ、葬式しかしなくなったと非難される。だが中世に多かった死体遺棄《いき》に近い葬法に、人びとがたえられなくなった文化水準の反映であり、社会的ニーズにこたえるもので、これが産業として大発展したものである。

高野山には被差別民とされる「坂之者《さかのもの》」ならぬ、「谷之者《たにのもの》」という人びとがいた。慶長《けいちょう》七年（一六〇二）の史料だが、高野山は秀吉による焼討ちを免れ、慶長十一年に時宗方《じしゅうかた》（高野聖）を真言宗に改宗させる命令が出るまで、中世的性格をのこしていたとみられるので、中世の様子を探ることのできる史料である（金三六〇・三六一、戦国織豊時代）。

かれらは山上山下の種々の基礎的労働に携わる人びとであった。①葬礼《そうれい》、②水取《みずとり》、③大工、④石垣積《いしがきづみ》、⑤屋根葺《やねふき》、などが主な仕事である。かれらは「日雇《ひやとい》」で太刀《たち》をもち、自分の道具で仕事をし、昼飯持参の場合も昼食支給の場合もある。道具がこわれたら損料《そんりょう》をもらう。ここには多種多様の仕事がでてくる。かれらは特定の分野のプロではなく、基礎的労働は何でも引き受ける。その意味でプロである。

労働の一つに「雪かき」がある。雪かきは標高八〇〇～一〇〇〇メートルの高地にある高野山山上では欠かせない。この仕事の量的な膨大さと決定的な重要性は、雪国の人びとには実感できるだろう。平安時代までは寺僧は冬季は下山していた。だから山下の天野・慈尊院が重要な意味をもつのだが、同じ高山の比叡山では平安時代からみられる一種の掘炬燵《ほりごたつ》、土室《つちむろ》が発明されて僧侶の冬季の居住可能性が高くなり、冬季人口と建造物増加がおこった。その結果この仕事の比重がいよいよ高まった。いずれにせよ氷点下五〜一〇度の厳冬期に、下層民が山上で生きていける条件を作った。きわめて重視すべき都市による基礎的労働の創出である。基礎的労働を拒絶する学侶などの人びとの増加にともなう基礎的労働人口の爆発である。事例はやや特殊だが、これは都市共同体人口の増大がさらなる周縁人口の爆発を誘発する、という一般的な都市膨張のメカニズムを示す。

谷之者の服務規律は、長《ちょう》にいいわたすのではなく、谷之者を召しよせて申し渡したり、「廻文」を回して周知させた。つまり谷之者は組織をもたない日々《ひび》雇用《こよう》労働者（ルンペンプロレタリアート）であった。そしてこの性格は遊行僧一般に共通する。

寺院の身分構成とその比重

黒田俊雄氏は寺院内部の身分を、①学侶《がくりょ》、②行人《ぎょうにん》、③聖《ひじり》、に分類された。その分類指標はつぎのようなものである。

寺内の三身分

①「学」の研鑽《けんさん》が本務で、下級貴族・武士身分に対応する寺内の特権身分である。

②「行」が本務で、神秘主義的苦行を建前とするが実際は寺内の雑務にたずさわる。禅《ぜん》衆《しゅう》・堂衆《どうしゅ》・承仕《しょうじ》などさまざまな呼称がある。百姓身分に対応し、学侶より一段下位とされていた。

③聖・上人。寺に定住せず遊行するものが多く、本寺による人的管理はほとんどおよばなかった。しかし広義の寺僧とみとめられる。

この分類は筆者の立場からいえば、山林での修行で験力《げんりょく》（超能力）を得て名をあげた験者《げんじゃ》を学侶、山伏を行人とする点などに異論がある。寺に定住せず都市文明・文化を恒常的に都市外に輸出するこれらの人びとは、聖などとならんで遊行僧に分類せねばならない。

だが個別寺院によって呼称は異なるが、黒田氏の三身分はどの寺でもみとめられる理念型であり、また神社でも同様の三身分があると考えるので、本書はこの分類に基本的に従う。ただ「聖」は基本的に「遊行僧《ゆぎょうそう》」とよぶ。

聖の隠遁《いんとん》性・苦行性は一定期間必要とされる一種の入門儀礼であり、後の遊行性と勧進性を準備する行為である（五来重《ごらいしげる》『高野聖』）。後者の社会的意義が大きい。複数の寺に属する遊行僧、どの寺にも属さないものもいる。遊行は特異な生活形態ではないし非日常でもない。船上で寝泊まりし漁業・海難救助・交易などに携わって海とともに生き、年に陸に上がることは何日もない家船海民《えぶねかいみん》という人びとがいるが、同様に陸上にも遊行そのものが日常生活という人びとがいることを忘れてはならない。

①②の僧侶でも構造的な移動的性格と複数寺院横断的連帯があった。個別境内都市の実態がとらえにくいのは、僧侶たちが個々の寺院の枠に収まりきらない存在であるためである。境内都市に一定した成員はない。だから寺社勢力であり、境内都市群なのである。

なお学侶のうち、戒律《かいりつ》を守り教学にすぐれ、鎮護国家《ちんごこっか》理念を内面化している宗教者を本書では一般学侶と区別して「宗教者学侶」とよぶことにする。

黒田氏の場合、せっかくの三分類がいわゆる寺社勢力論の全体構想に十分生かされているとはいいがたい。これらの集団が実際どのような比率で存在していたのか、またそれぞれの勢力の大小はどうだったのか、これが明確になれば寺院の実像が、具体的にうかび上がってくるであろう。

三　身分の実数

鎌倉時代の高野山には、三者の実数をある程度把握できる史料がある。延慶《えんぎょう》三年（一三一〇）の「修正餅支配注文《しゅしょうもちしはいちゅうもん》」（高四巻一〇〇）では、年頭に一年の平穏をいのる重要儀式である修正会《しゅしょうえ》の際に、祝儀の餅の配分にあずかる資格のある僧侶、検校《けんぎょう》以下約三〇〇〇人が書かれている。このうち学侶とみられるのが約四〇〇人である。行人とみなされるのは、明確な仕事をあたえられている預《あずかり》・承仕《しょうじ》・夏衆《げしゅう》だけで三四一人いる。「雑僧《ざっそう》」とよばれる二二三六人は雑多な仕事を勤める行人であろう。合計約二六〇〇人で学侶を数的にまったく圧倒している。また聖（遊行僧）は一〇〇人であるが、これは寺の保護を公的に受ける資格をもつ人びとの定数を示したもので、実数は諸国を廻国《かいこく》中のものをふくめて、これよりずっと多いはずである。天正《てんしょう》九年（一五八二）の織田信長による高野聖の虐殺者数は、三ヵ国だけで一三八三人とされており、全国では万を超えるであろう。

「顕如上人雑記《けんにょしょうにんざつき》」（『古事類苑』宗教部四、天正十四年（一五八六））は、一向宗の顕如の見聞記であるが、高野山には全部で七〇〇〇坊、うち学侶一五〇坊、他は「世間者《せけんしゃ》」とよばれる世俗的な行人だとのべる。学侶は一五〇にすぎない。ここで伝聞とはいえ七〇〇〇坊という数字がでたことは重要である。学侶は一五〇にすぎない。これはもちろん正確な数字ではないが、前述のこの直後の秀吉による厳密な調査によれば、一九〇坊である。この印象自体はそう実態とかけ離れてはいない。七〇〇〇×Xで都市人口の一応の推定ができる。

高野山は気象条件が厳しい極寒地である。次章にのべる寺僧の集会《しゅうえ》・法会不参《ほうえふさん》も、この気候が一因とみられる。比叡山も同じであろう。こうした条件を考えると、ここは中世メガロポリスといってよい人口密集地である。ちなみに今の高野町の人家地域は旧高野山境内都市域とほぼ一致するが、人口約五八〇〇人（一九九二年度統計）で人口は激減している。しかしそれでもさびれた町という印象はまったくない。それどころか宿坊や家や店の立ちならぶにぎわう観光地である。中世のにぎわいは言語に絶するものがあったであろう。

なお鎌倉時代の年末詳前欠の同形式文書（高四巻一〇八）には、この配分対象として

「非人」が現れる。そのすべてではないが、このようなハレの日に餅を下行される非人は、身分差別を受けている可能性はあるものの、寺院の構成員と有権的《ゆうけんてき》に認定された存在である。

鎌倉時代の「奈良坂非人陳状案《ならざかひにんちんじょうあん》」（鎌六三〇三）には、非人は「本寺最初社家方々《ほんじさいしょしゃけかたがた》の清《きよ》目重役《めじゅうやく》の非人」「本寺《ほんじ》重役清目の非人」であるという主張が現れる。これは一方的主張ではなく、興福寺・春日社も非人たちを構成員とみとめている。かれらは寺院に組織されていた側面もあるが、その寺院自体の重要な、あるいは中核的構成員であった。

三　身分の経済基盤

寺社は膨大な荘園をもっている。これだけが経済基盤のように思われがちだがそれはちがう。時代を下るごとに学侶が衰退し行人が強大化する理由は、両者の経済基盤のちがいにある。学侶の基盤は特定の法会《ほうえ》に対してあたえられた荘園である。分配される荘園年貢を「供料《くりょう》」というが、儀礼に通じ法会の主役を勤める学侶への配分が多い。法会を欠席すると配分されないこともある。行人にも配分されるがきわめて少ない。学侶はいわばサラリーマンの性格をもっていた。

一方、行人は金融を中心とし、商業・流通にも関与した。農業基盤である荘園は惣村の発展や武士の押領《おうりょう》などによって衰退の一途をたどるが、商工業は一目散に活性化の道を進んだ。これこそ学侶の実力が皆無にちかいほど後退した理由である。そもそも境内都市の発生原因も商人・職人の集住であり、都市的要素の強い家業に携わる行人が台頭した理由であった。なお貴族社会にあっても、久我《こが》・日野・山科《やましな》など商工業にかかわる家は、南北朝以後、没落どころか台頭する。

遊行僧の経済基盤は寺院のコントロールする範囲にはない。門付《かどづけ》・絵解《えとき》・運搬・基礎的労働など、全体社会そのものが経済基盤である。本山はかれらにとって看板・ブランドとしての意味がある。

境内都市の主役

保元新制では、興福寺・延暦寺・園城寺・熊野・金峯山などの諸寺・諸山の「夏衆《げしゅう》・彼岸衆《ひがんしゅう》・先達《せんだつ》・寄人《よりうど》・神人《じにん》」という下級僧侶・神官の濫行《らんぎょう》停止《ちょうじ》がかかげられ、以後この禁制は幕府法にも引き継がれくりかえされる。

高野山における数的優劣は、寺院の主役が誰であるかを雄弁に物語っている。寺院内部の行人勢力の伸張は後の時代ほど顕著である。遊行僧は本寺に基盤をおいていないから、寺内での勢力は行人が圧倒的であった。法令・文書において「延暦寺」「山僧」などの語が比叡山の高僧をさす場合はまずない。もっぱら「犬神人《いぬじにん》・馬借《ばしゃく》・夏衆・堂衆《どうしゅ》」といった下層の人びとである。馬借は馬の背に荷物を乗せて運ぶ運送業者で、この馬借一揆が室町幕府に致命的ダメージをあたえた。夏衆・堂衆とも行人で、前者は堂宇や墓地に花をそなえる役、後者が堂舎の警固役だが、それは名目的なもので金融業者が多った。かれらこそが巨大な社会的勢力たる境内都市延暦寺の主体である。門前の京に住むものが多い。

南北朝期の高野山への軍勢催促は、衆徒《しゅと》（学侶）・行人に対し別個におこなわれた。行人は外部からその実力を高くかわれ、政治・軍事組織と認識されていた（組織との認識は誤認）。

また高野山では長禄《ちょうろく》三年（一四五九）以前に、例外的場合をのぞき、警察権は行人の掌握するところとなっていた（高四巻二二六）。警察権は公権《こうけん》の最大のもので、これを握るものが主権者である。学侶はこれ以前に寺院中枢の地位から転落していたのである。

戦国時代の高野山・根来寺を動かしていたのは、惣分沙汰所という行人の組織で、その発給《はっきゅう》文書は軍事動員などの重要な政治決定文書ばかりである。学侶は存在していても、実質的な政治的・軍事的・経済的決定には、ほとんど関与できなかった。

身分制のパラドックス

ところが一方、一見まったく逆の現象もみられる。寺内の身分差別は非常に厳しいものであった。学侶・行人の身分差は絶対的で、中世後期ほど顕著になる。寺僧の「俗姓《ぞくせい》」すなわち出自の世俗身分を厳しく問う例は、興福寺・東寺・高山寺《こうざんじ》にみられ、高野山では僧侶の昇進につき「その師匠《ししょう》の俗姓吟味《ぎんみ》あるべき事」（金四九、文明《ぶんめい》九年〔一四七七〕）とされ、「俗姓」、世俗身分はあきらかに生きている。だがこの身分特権は学侶の微小世界で、単なるグチとして主張されていたにすぎない。しかし近世になってから、比叡山・春日社・高野山などでは、江戸幕府の形式主義による行学訴訟《ぎょうがくそしょう》の判決により、この身分差が権限の差にまで押しおよぼされて確定され明治におよんだ。このことがわれわれに強い印象、誤った先入主＝学侶中心史観をあたえている。

さて「身分」とはそれほど規定的な意義をもつものだろうか。五〇〇年のあいだ、ずっと行人の実力が、総体として学侶を完全に上回っているのである。平安末期以後の比叡山、南北朝時代以後の高野山、行人が学侶に対し、身分的に絶対的差別を受けていることと正反対に、つねに決定的な政治的優位にある厳然たる事実がある。

社会分析上重要なのは、やはり階層・階級である。政治的・経済的実力の大小が問題で、実力のない上位身分の者が身分制をいかに強調しても、その実効は無視してよい場合が多い。鎌倉武士や近世の大商人などは、身分とは関係なくまぎれもない時代の主役である。

身分とは作法・服装・対面《たいめん》の可否などの差をもうけることにより、階級制度をイデオロギー的に補強するもので、実質でなく外づらの儀礼であるため、これを階級の「外被《がいひ》」とよぶ。だが都市ではこの外被が働かない。無身分の時空が都市なのである。身分と階級の比重についての考察をぬきにして、近年身分の意義は強調されすぎ研究にゆがみを生じている。境内都市のあり方は、身分と社会的実力、身分と階級とは一致しないことを物語るきわめて重大な実例である。いつの時代も身分制の過大評価は禁物である。

寺社境内都市の人的成立

「南都の門内・門前都市」の項で寺社境内都市の都市景観の成立について述べた。だが境内都市の中核は行人である。都市の人的成立についてては、行人集団の成立をあきらかにする必要がある。それについてもっとも有名なのは『平家物語』の次の記述である。

堂衆とは学侶の家来であった「童部《わらべ》」が「法師」や「中間法師《ちゅうげん》」であったのが、一〇七七年、天台座主覚尋《かくじん》の頃から、三塔《さんとう》で仏に花などをそなえる順番を作り、「夏衆《げしゅう》」と号していたが、最近平家全盛期に、みずから「行人」と称して学侶にはむかうようになった

という説明である。集団化は十一世紀後半である。これは物語であるから、文書によってあとづける必要がある。

寺内の基礎的労働は律令国家段階の寺院では、のちの学侶につながる学僧自身が修行の

一環としておこなっていたのであろう。境内都市形成期にそれをみずからおこなわなくなり、寺外から行人を吸引して寺内の雑役につとめさせたと見られる。

かれらは多様な名称で呼ばれる。その文書上の初見史料を列挙すると、「法師原《ほっしばら》」（平四九七、興福寺、治安《ちあん》四年〈一〇二四〉）、「承仕」（平一〇一〇、東寺、治暦《ちりやく》二年〈一〇六六〉）、「行人」（平一二〇四、東大寺、永保《えいほ》三年〈一〇八三〉）、「夏衆」（平一五三九、東大寺、長治《ちょうじ》元年〈一一〇四〉）、長講《ちょうこう》・承仕・花摘《はなつみ》・鐘槌《かねつき》（平一六八八、観世音寺《かんぜおんじ》、同年）、堂衆（平一八六九、興福寺東金堂衆《とうこんどうしゅ》、永久五年〈一一一七〉）。「宮仕《みやじ》」（平一九一七、保安《ほうあん》二年〈一一二一〉）となり、ほとんど十一世紀、以後は頻繁に現れる。なお行人とただちに断言しがたいが、「童子《どうじ》」（平二五七）は天暦《てんりやく》四年（九五〇）からみられる。なにぶん史料が少ないがともかく史料に現れるようになったこと自体、その実力の向上を反映する。観世音寺のような多様な基礎的労働もたしかにおこなうが、承仕・夏衆・堂衆は荘園確保のための軍事力として多く現れる。これらは集団を結成して自立している。寺社境内都市の人的成立は、南都では十一世紀末と一応いえる。『平家物語』の記述はおおむね正確である。

商工業民はどうか。十二世紀の京では、公家の課税と検非違使検断忌避《けびいしけだんきひ》のため感神院に従う人びとが急増した。いわば脱税であるが水は低いほうへ流れる。康和《こうわ》五年（一一〇三）五条坊門《ぼうもん》付近で発生した火災で、近傍の祇園社大政所《おおまんどころ》（旅所）を含む数百戸が焼けている。必ずしも政治的要地とはいえないこの下京の地が、すでに人家密集地となっていた（『中右記《ちゆうゆうき》』）。

境内都市の時代は延久三年（一〇七一）の叡山（感神院）門前である鴨東《おうとう》占地の法的承認（平一〇四三）にはじまり、織田信長の比叡山焼討ち、天正二年（一五七一）に終わるといってよい。その間五〇〇年、通説的な中世という時代区分に大体一致する。

大衆社会の様相

門　流

境内都市の政治システムについて考察しよう。都市共同体部分の生活単位は師匠と弟子のあいだに結ばれ代々つづく門流《もんりゅう》で、このシステムが師資《しし》相承《そうしょう》とよばれる。これは世俗のイエの親子関係とフラットなものと認識された。またこれは寺内主従制でもある。だが寺院が門流によってタテ割りに編成されていた面ばかりを強調すると、それはまた誤りである。

門流は厳然と確立した組織である。がそれとは別に学侶方子院には雑用にあずかる承仕《しょうじ》その他の下僧《げそう》が必ず付属している。これらの子院を横断する学侶・行人のヨコの連係も境内都市には明確に存在する。さらに門流次元の生活は寺院の日常であるが、都市という場においては、常時伏在する非日常のエネルギーも同時に重視しなければならない。都市共同体、すなわち郷・町組《ちょうぐみ》は自治組織であり、それなりに安定した秩序を保っている。だが都市周縁を捨象して、境内都市のメカニズムを論ずることはできない。また都市共同体連合の意志決定が、自治組織の連合であるにもかかわらず、自治的に運営されていないことはきわめて重要な特徴である。

首長ナシ

寺内の「権力構造」を別の面からみてみよう。ルール違反の「贔負《ひいき》・偏頗《へんぱ》」「縁者《えんじゃ》や有力者の語らいを得ること」などの禁止文言《もんごん》がのせられた集会事書《しゅうえことがき》は、鎌倉時代から枚挙のいとまなどとてもないほど多数のこっている。応永《おうえい》元年（一三九四）の「学侶御評 定事書《がくりょごひょうじょうことがき》」では、「先年作られた志富田荘《しぶたのしょう》の大師堂《だいしどう》事書《ことがき》や夫役《ぶやく》（労働徴発）免除状は、高野山の沙汰所《さたしょ》や両所《りょうしょ》（検校の次位の二名）らがご存じない。承認の判もおしていない。免除は今年かぎりで、来年以後は免除証文とみとめない」とある（高六巻一三四〇）。だが少なくとも今年度分については追認されたのである。

なぜ一荘の夫役免除という重要な問題が、高野山最高位の人びとの知らないところで決定され、成文実定法《せいぶんじっていほう》たる「大師堂事書」となってしまうのか。何者かがトップを無視して勝手に在地支配の法を作ってしまい、それが実効を発する現実があるのである。年貢・夫役は荘園支配の根幹である。その免否《めんぴ》の判断が学侶集会の専権なのは当然である。だが鎌倉幕府法の文言にもみられる「権門勢家《けんもんせいけ》」とよばれる有力者が、集会に先行して決定を下すこと、また集会の決定を無視するケースが、恒常的構造的に存在するのである。

境内都市にはあらゆる問題を集会（会議）で決定しようとする「集会主義」というべき建前がある。しかし集会の決定が権門勢家の独断により骨ぬきにされる例があまりにも多い。全員による集会は形式上の最高議決機関であるが、そこに提議する手続ぬきで、実行行為が先行する。検校《けんぎょう》・学頭《がくとう》・宿老《しゅくろう》、そして権門勢家。実力者による決定・実行がみられ、事後的に容認されるのである。このような個人による決定は、山僧の「決断」とどこがちがうのだろう。

クラッセの『日本西教史《にほんさいきょうし》』は根来寺について、集会が収拾できぬほど乱立していること、ボス的僧侶の実力についてのべた後、「首長ナシ」といった。これぞ境内都市である。

境内都市の合意

中世の経済行為においては「一《いち》の店《みせ》」「一《いち》の杭《くい》」といって、商売の場を先占《せんせん》した者に優先権がある。経済世界である境内都市における政治決定も、フォーマル・インフォーマルな権門勢家の「独走」で決まる。入勝制《いりがちせい》も検断得分《けんだんとくぶん》に注目すれば同じことである。

経済社会で「独走」が相当程度に許された理由は、中世にはいまだ手つかずの資源が多く、競合しないゾーンが多くあったからである。競合する場合には、口人《くにん》・仲人《ちゆうにん》の介入による調停・妥協が私的な場でおこなわれ、公的な合意事項となる。

境内都市は、決断、すなわち構成員の独走によって決定がおこなわれる「自由都市（無権力都市）」である点に最大の特徴がある。公家・武家の世界にも同様な力学はあるがこれほど露骨ではない。この「自由」は中世語の自由、自由狼藉《ろうぜき》の自由である。どちらかといえば「自分勝手」というニュアンスの強い否定的な意味のことばであった。ワイルドな人間やその集合は魅力的であるが、危険な存在であることも否定できない。とはいえ自由の要素がもっとも強い場は、武家でも公家でも惣村でも自治都市でもなく、やはり境内都市の世界である。

都市共同体部分はたしかに組織度が高い。だが村落共同体のように住人の生活全般を規制するものではなく自治の規定性は相対的に弱い。したがって境内都市の合意形成はしばしば共同体的原理、共同体的行動類型からはみだす。総体としての境内都市に自治はない。

南都の検断入勝制は非自治世界における合意のルールをわかりやすい形式で制度化したものであるが、法理念のかけらもない便宜主義である。境内都市の「政治構造」は、制度化度の低い多元的権力構造である。このような奇妙な状況的バランスに支えられた社会は、自治からも権力からも、もっとも遠い地点にある。もちろん諸勢力は法に支えられてもいないし、一定不変でもないから、この「権力構造」は「不安定の安定」である。これは諸集団の合意形成システムにはちがいないが、単なる紛争処理システムの域にとどまるもので、政治的能動性を欠いたものである。

かかる無秩序状況は権力構造とはいえず、遠からず混乱を招いて崩壊し、新たに強力な政府が樹立される、と考えるむきがあるかもしれない。だがそれはまったく根拠のない神話なのである。そのことは境内都市群五〇〇年の歴史が雄弁に物語っている。また中世の環シナ海海民は中国・朝鮮半島・琉球・九州をまたにかけて活動し、近代まで一度として国家の枠にはいらなかった。環シナ海秩序は境内都市群以上に長く存続した。

今だったら毎年のように政変をくりかえす第三世界をみよ。不安定にみえても、これらは長い目でみれば一応の定型的な政治文化なのである。インフォーマルな社会的合意に支えられた「無秩序の秩序」という政治構造、状況のオキテ（＝制度）は実在する。「状況を状況のまま制度化」したのが中世全体社会であった。

一味・一同・一揆

叡山では正元《しょうげん》二年（一二六〇）の園城寺との紛争に際し、寺僧らが祖師《そし》良源《りょうげん》の廟前《びょうぜん》に群集し「門跡長者《もんぜきちょうじゃ》もしくは師匠の制禁にかかわらず、一味同心《いちみどうしん》の沙汰をいたすべきのよしなり」という起請文を書いた（叡山では最澄《さいちょう》より良源が重視される）。そして十一日には、寺の有力者、普段は京都に住む門跡・祇園別当・北野別当らをもよびつけて、このことに対する方針を決めた。この非常時、叡山では「師匠同法《どうほう》」、つまり寺院の基礎構造たる門流（寺内主従制）を完全に否定し去った。

やや後に高野山にもまったく同じ内容の四ヵ条の文書が現れる（高五巻一〇九六、嘉元《かげん》二年（一三〇四）か）。このほうがやや具体的である。これは阿弖川荘《あてがわのしょう》という荘園獲得運動の過程における史料であるが、境内都市の無権力世界の本質が過激なかたちでのべられている。

①この裁判につき、親類骨肉《こつにく》垂髪《すいはつ》幷《ならびに》師匠同法たりといえども、その語らいを得、あるいは賄賂《わいろ》等におぼれ、一味の結束を乱してはならない。

これは叡山とまったく同じで、寺院大衆の盟約が破れるのを防ぐため、門流を否定した。

②外部的な権力である院や宗家《そうけ》（本寺＝東寺・仁和寺《にんなじ》）あるいは検校などと勝手に妥協・取引するものは永久追放とする。

③この訴訟のあいだに、主導者の「交名《きょうみょう》の尋《たずね》」、つまり犯罪者リストの提出命令があっても、絶対に返答してはならない。

④右三ヵ条を守ったために公家から骨張《こっちょう》とされ、領地や権利を没収されたものの所領はだんこ保全する、また没収を実行した寺官（検校をふくむ寺院運営機関）は追放する。

以上である。ここには検断およびその予備行為、すなわち政治権力による代表者の把握、それを全否定する明確な意図がみられる。強烈な匿名《とくめい》主義が高らかに宣揚されている。そして門流などの中間集団、「個」以外の一切を否定する。中間集団の弱体は大衆社会の重要な属性である。これぞ「諸衆《しょしゅう》一同」、一味《いちみ》・一揆《いっき》の原理である。

匿名主義

鎌倉幕府は正中《しょうちゅう》元年（一三二四）に、平時における神人の交名注進を法制化した（『中世法制史料集』第一巻、四七六ページ、『華頂要略《かちょうようりゃく》』第八、門主伝第十七）。

南都北嶺《ほくれい》以下諸寺諸社の事（南都は興福寺・東大寺、北嶺は延暦寺・園城寺をさす）

僧侶住山《じゅうざん》の間の事

制法《せいほう》にそむき在京あるのあいだ、事の実否《じっぷ》、尋ね申すべし、

諸社神人の名の事

毎年交名を注ぜらるべきのよし、先度《せんど》仰せ下されおわんぬ、

寺僧住山主義が目をひく。本来僧侶・神官は寺社を離れず、鎮護国家祈禱に専念すべき存在である。当然とも思えるがあえて法レベルで規定している点に注意すべきである。交名は敵の名前を知り「名字をこめる」こと、その名前をもとに呪詛する類感呪術の前提ともなるが、この場合は呪術的要素はなく、あきらかに純然たる治安立法である。住山せず首都で活動する僧侶が多かったことは、かれらが商工業主体であるためであろう。またこの法は一般論をのべているようにみえ、それも事実の一面であるが、叡山に伝来したことからみても主たる標的は叡山であろう。公家・幕府の対寺社法制はつねに叡山を意識している。なお坂本あるいは寺外一般でなく、京での活動禁止を明記している点が興味深い。やはり京こそが叡山境内都市の中核なのである。

つぎの「高野山制条《せいじょう》」ではこうある。

一、大衆蜂起《ほうき》ならびに深更《しんこう》の衆会《しゅうえ》を停止《ちょうじ》すべき事

(中略) 寺中の衆議、日中にて足るべし、何ぞしいて深更を好むべけんや、御社に群衆せんや、今より以後、一切停止せよ、

日中におこなわれるフォーマルな制度的集会に対する夜更けの「深更集会」および「蜂

起」。呪術的にも夜という時間には意味があるだろう。だがそれよりも「夜＋オープンスペース」という時空は、発言者の匿名性が絶対的に確保され、群衆心理による暴走の可能性を非常に多くふくむ「状況」である。これが厳禁されるのは、実際こうした暴走によって寺院の政治意志が決定し、実行に移されてしまう場合が多いからである。

集会は初期仏教教団である僧伽《そうぎゃ》の理念を実現したものとされ、民主主義と比較されることもあった。僧伽の語は、本来小規模の四人以上の日常起居をともにする集団をさしていたが、教団の人員が増加するに従い門下者全員、僧籍にない信者をふくむ教団総員をさすようになったとされる。入唐僧《にっとうそう》が輸入したのはまぎれもなく前者の理念であろう。

四〇〇〇人もの学侶の集会の参加・不参加についての規定は、全員の納得、「和合《わごう》」を本旨とする前者の原理で説明すべきものではない。より重要な行人集会はそれどころではない。正しくはないがまだしも直接民主制との比較で議論すべき筋のものである。僧伽は強い人格的結合、和合で結ばれるべき組織である。それに対し境内都市は誰が成員か不明で、それを把握するため僧名帳《そうみようちよう》・神人交名の作成がおこなわれる場である。また遊行僧など寺社横断的移動をする人びとがいる以上、一定の成員はありえようがない。境内都市は無名世界である。集会（制度）と蜂起（状況）は根本的に異なった行動様式である。

寺院の政治決定において実効したのは後者である。この無名主義の形式はあるいは民主主義的であるかもしれないが、それよりも匿名性護持（「個」に関する情報、プライバシーの秘匿《ひとく》）に固執する都市大衆に通有の思考の産物である。集会制度という外見上の議会制度をもちながらその実効がほとんどない点も、皮肉にも現代大衆社会に酷似する。

境内都市で象徴的なのは頭を包み顔を隠す「裹頭《かとう》」である。裹頭は古くは良源の二十六箇条制式、また鎌倉幕府法（追加法七四・三八七）に厳制がある。ただこの幕府法は鎌倉在住の僧徒に対する禁制である。西国の境内都市群に対しては野放しということである。『玉葉《ぎよくよう》』にも『平家物語』にも、興福寺・延暦寺のオープンスペースにおける夜間の裹頭僉議《せんぎ》がみられる。このときは鼻をつまみ声をも隠す。裹頭は証拠が残らず発言の責任を「個」が問われない形式である。重大問題についての境内都市の「公的意志」はこうして決定される。

前掲の幕府法は交名・在所の把握を目的とする。だがこれを秘匿することこそが、まさしく境内都市のテーマであり、成員にとって境内都市の最大の存在意義なのである。さらに幕府法の「僧徒裹頭し鎌倉中を横行す」（追加法七四、文暦二年（一二三五））という文言をみるかぎり、裹頭は僉議という非常時だけの服装ではなく日常の装いである。鎌倉市中ですらそうである。境内都市ではまったくの常態であった。しかしそれでは権力による「個」の特定は絶望である。匿名は都市大衆行動の絶対的要件であり、その積極的な特徴である。匿名―大衆―自由は、ぴったりとリンクした一連の観念なのである。

寺院大衆《だいしゅ》は組織でないばかりか集団ですらない。「大衆」はまさしく「たいしゅう」である。組織の未成熟、権力関係の不明確、匿名性などをふくんだ中世語で、不思議というべきか、当然というべきか、現代の大規模産業社会における語と同じ意味なのである。もちろん境内都市が完全な現代的都市社会と化していたわけではない。だが大衆社会の要素が明白に現れていることは、都市の典型的属性の一つをそなえており、都市の発展段階としてきわめて進んだものであることを示している。昼は単なる政治儀式、夜が実質の決定、これが古今東西「政治」というものである。政治はすべて夜決まる。

集会・大集会・皆参《かいさん》集会と「一山僉議」「一山蜂起」は、史料上では混用されているが、別物である。そして前者が恒常的な事務決定とすれば、後者は臨時的な政治決定である。前者の主役は学侶、そして後者の主役は行人以下の下僧である。また前者はケ、後者はハレである。事務官僚でもある学侶の政治における劣位は、境内都市においてあきらかである。ここは制度的世界でなく状況的世界である。

広場

ヨーロッパ中世都市にあって日本中世都市にないもの、それは広場とされてきた。住民の集会所・いこいの場であり、住民の団結を強化する都市社会資本として、重要な社会的意義があるからである。平城京・平安京・鎌倉・城下町、たしかに広場はない。これらはみな都城である。だが日本の都市にも広場はあった。大仏殿前の空地、壇上伽藍の建物のない敷地部分の空間、興福寺の中枢伽藍の敷地もよくみるとゆったりしている。多くの人が入れる広場は、境内都市には必ずある。日本にも広場は広汎《こうはん》に存在した。このことの発見の意義は大きい。境内都市論の効用はここにもあった。ただ日本の広場は民主主義的な集会所ではなく、大衆社会的群集の場である点が大きなちがいである。

経済世界と大衆

なぜ経済世界で無名主義が顕著に現れるのか。これは難問であるが、一つの考え方として文化人類学の事例が参考になる。最初の交換は「無人の浜などに商品を置いて去る→現地人がその商品を受け取って等価の物品を置いて去る→ふたたび浜に戻ってその物品を受け取る」という完全無名主義にもとづくものであった。経済行為が最後的には物々交換あるいは換金《かんきん》を必須とする以上、最初の商品交換の態様にはその本質が完全に現れている。

今日では、たとえ転売された盗品であることが証明されても、有価証券や動産については現所有者の所有権をみとめる「公信《こうしん》の原則」がある。これも無名主義である。

匿名主義はどの時代の経済社会にも通じる原理である。経済活動は匿名にちかいほど、つまり取引主体たる自己の情報が、相手にとって少ないほど安全な経済活動たりうるのであり、通常このルールについての全体社会の暗黙の了解がある。そのゆえに経済社会は全体を統轄する組織を必要としない、というより拒絶する。また需給などの市場についての情報は必須だが、「個」の人格に関する情報は原理的に不必要である。

前姿後姿

勝俣鎮夫氏は『一揆』で、建久《けんきゅう》九年（一一九八）の興福寺の嗷訴（鎌一〇〇九）を取り上げ、興福寺大衆自身が、老若《ろうにゃく》・身分・階層を異にする「大衆」であることを自覚し、にもかかわらず「一味」を強調し結束している事実の重みを、公家に訴えた点を指摘された。このような奇跡的な意見の一致は神慮のしからしむるところだ、ということであり、要求の権威づけなのである。一味は全員が名を連ねた文書、多くは起請文を焼き、その灰を水に溶かして回し飲みする「一味神水《いちみしんすい》」という呪術儀礼をともない、その場に列席しているはずのカミとの共食《きょうしょく》・共飲《きょういん》の延長にあることを説かれた。日本古来の伝統からの説明である。

だがしかし、一味神水というこの政治的意志統一の形式は、まぎれもなく中世に発生した中世固有の儀礼であることも十二分に認識すべきである。人びとが本来行動をともにする条件のない、非共同体的都市大衆の要素を強めつつある段階だからこそ、一味が出現したのである。一味・一同は呪術的行動様式であるとともに、かつ都市大衆的行動様式である。これらの語が最も頻繁に発せられたのが、ほかならぬ境内都市であったという事実が大きな重みをもつ。一味は呪術におおわれた未開社会から、それから解放された近世・近代都市にいたる途上における特定の段階に固有の行動様式といえる。

勝俣説と私見は矛盾しない。カミとの共食と大衆行動は、同じものの前姿《まえすがた》と後姿《うしろすがた》で時代が下るほど「呪術的行動様式＋大衆的行動様式」の、前者が縮小し後者が拡大する。

「徒党《ととう》を結び、あるいは起請文を書きちがえ、あるいは神水を飲みあい、一味同心つかまつり候儀、本《もと》より天下の御法度《ごはっと》なり」（「寛文《かんぶん》元年紀州藩法《きしゅうはんぽう》」）。著名なこの法は一味神水を呪術的権威と無縁の「徒党」と断定した。そしてそれは正確な認識である。近世法はあらゆる一揆を「徒党」とよび、人が集合することとそれ自体を禁止した。徒党こそが一味神水の後姿たる大衆行動である。そして近世における中世的自由の退行の象徴である。

高野山の三〇〇〇×X、七〇〇〇×Xという数字の意味。後者は話半分にしても、人口は一万人を超えるであろう。匿名性を維持するための必要十分条件を満たす数値である。南都北嶺はそれ以上である。

寺社境内都市の歴史的意義

異質な社会生活を営む匿名で孤独な多数の「個」からなる社会は、近代固有のものではなく随時随所にみられる。境内都市に最初の大衆社会がめぶいた。本書では大衆行動を現代社会固有のものとみない。超時代的な「個」の集合する場に、普遍的に存在する心性にもとづくと考える。大衆社会はその普遍性からみれば、自由都市の最終形態である。

大衆社会は高度な産業社会に発生する。境内都市共同体住人の日常は、あるいは門流に縛られ、あるいは座に編成されている。強烈な抑圧をおこなう独占性の強い座に規制された経済社会に、「個」が集合したときに大衆社会的な要素が発生した。

共同体部分は、門流という寺内主従制を単位とする。過度に組織化された社会であるとともに、また極端に状況的で組織化度の低い社会である。この中間集団は非日常では完全に吹き飛ばされてしまう。集会は境内都市の統合を目指したが、先にみたとおり完全に失敗した。となれば日常の価値達成には、個別の権門勢家によるのが有利である。そして非日常の価値達成のための行動様式として、一味・一同が爆発するのは当然のことである。

烏合《うごう》の衆が突如として、経済権益を媒介に、一時的で狂暴なエネルギーに満ちた行動隊と化す。権威、日常においては自己を規制している一切の権威を否定する。ここには中世的自由かつ現代的自由が、狂おしいまでに息づいている。一味・一同は厳しい身分制や生活単位を破壊する性格をもつ。日常生活と相矛盾するハレの行為である。それらの語がこれほど頻繁に使用された場はほかにない。都市は人的相識《そうしき》関係がない集落だといわれる。だとすれば都市はそもそもの初源から、大衆社会を胚胎《はいたい》していたことになる。

境内都市の歴史的意義は、匿名主義に守られた中世的自由の場を提供することにより、経済発展と全体社会の文明・文化の発展に多大な貢献を果たした点にある。

寺社境内都市群と中世社会

墓盗人と高僧——俗よりも世俗的な世俗

今までの本書の記述を読んで、宗教・仏教思想を少しも扱わない寺院史は、不完全ではないか、と疑問を感じた人がいるであろう。その違和感は本章できれいサッパリ解消してみせよう。

全体社会・呪術世界

まず第一に中世寺院に関し、見落とされている重大な盲点を指摘しておかねばならない。境内都市群を他の世界と比較してみよう。公家《こうけ》の社会では、院が「勝」のつく法勝寺など六つの寺院いわゆる六勝寺《りくしょうじ》を建立《こんりゅう》した。武家は禅律僧を手厚く保護した。両者ともこれらの御用《ごよう》僧団を必要とするまぎれもない呪術《じゅじゅつ》世界である。中世後期の村落社会は、村の有力者が順番に祭りをおこなう呪術世界である。中世の全体社会は呪術世界である。

境内都市の特徴として、呪術、ときに宗教が印象づけられている。だがこれは公家・武家と比較した場合の相対的な優越的印象、錯覚にすぎない。呪術は強制力となり、またサービス（第三次産業）ともなりうる。これらは寺院の多面的要素の一つではあるが、唯一最大の本質ではない。

寺院はたしかに、強制力の一手段として使用するにたる高度の呪術、その分野における技術者を、公家・武家よりはずっと多くふくんでいる。宗教者もいないわけではない。だが武術を知って呪術を知らず殺人・放火をこととする荒川《あらかわの》荘《しよう》悪党法心のような僧侶も多数を占めるのである。そして重要なことは、寺院という存在は、ひとり呪術だけでなく、暴力・弁論をはじめ、政治・経済・文化のありとあらゆる分野において、他（俗）より数段すぐれた技術者の集住地、テクノポリスだということである。したがってここを聖地とみせかける技術にも当然たけている。

中世全体社会が呪術世界である以上、僧俗《そうぞく》・聖俗《せいぞく》の区別は相対的である。聖俗区分に固執するのは、非呪術世界の住人であるわれわれ現代人のみである。現代におけるそれは絶対的だが、ここから中世の聖俗を類推することは、現代的解釈というそしりを免れない。この相対的呪術世界は、公家・武家と同じ資格での分析が可能である。幕府論・公家政権論と、同質・対等の政治・経済史的意義をもつ境内都市論の不振はどうしたことだろう。

寺院の本質とはどんなものかを、冷静にみるためにはどうしたらよいか。

絶対の前提

まずは寺僧が必ずかかわらざるをえない死と葬送の問題について、以下にのべる考古学の知見を、第一次資料、絶対に否定できない大前提として確認しておく。

フロイスは、信長の安土《あづち》築城に際し石垣の石材として石仏《せきぶつ》の強制徴発がおこなわれ、人びとが泣き叫んだと伝えている（『日本史』）。だがこの記事は、死穢《しえ》観念や先祖供養・鎮《ちん》魂《こん》などに関する庶民感覚について、誤ったイメージをかたち作る結果になった。

まぎれもない寺院である根来寺《ねごろでら》では、ドブの蓋《ふた》として墓石をいとも無雑作に使っている。また井戸をつぶすために石仏を四体、つめものとして使用した遺構もみつかっている。高《こう》野山奥之院《やさんおくのいん》の近世大名墓地の背後には、おどろくなかれ五〇万基といわれる中世の無数の廃棄石仏がある。これらは砂岩で作られ、不整型でほかに例のないほど粗悪なものが大半である。数少ない奥之院の発掘調査では、墓所を破壊してその上に墓所を作り、またさらにその上に墓地を造成するという錯雑とした墓所の建設・破壊のくりかえしがみられる。江戸幕府も「古《こ》来《らい》の石塔《せきとう》などをみだりにとりこわし捨ててはならない」と墓所破壊の禁令をだしている。古墓の供養もせずに破壊をおこなったのは高野聖《こうやひじり》以外の何者でもない。

図16　奥の院廃棄石仏群
不整形の扁平五輪塔が多く，砂岸製の粗悪なもので民衆墓地にふさわしい．

図17　奥の院墓塔群（無縁塔）

境内都市ではないが、戦国大名朝倉氏の城下町、一乗谷寺町《いちじょうだにてらまち》地区にある寺跡では、幅五〇チセンほどの溝を越えて門に入る。溝の蓋石には背面を平らにけずった石仏が裏がえしにして使われている例がある。つまり寺に入るとき、必ず石仏を足で踏みつけるわけである。織豊《しょくほう》時代の石垣のうち、筆者の知見では、小浜《おばま》城・和歌山城に中世の石仏が石材として使用されている。安土築城における混乱は、それがあまりにも露骨で、かついまだ無縁になっていない墓塔を使ったりしたためのパニックだろう。これは民衆の墓所一般への畏怖を示すエピソードではないのである。

このような例は今後無数に発見されるであろう。ケガレ忌避という呪術的観念から最も自由な位置にいるのは、第一に遊行僧《ゆぎょうそう》、ついで行人《ぎょうにん》であろう。下級僧侶ほど死骸や墓所や亡魂《ぼうこん》に対する畏怖《いふ》と取扱いの態度が、〝ラフ アンド タフ〟になる。死穢観念が社会をおおいつくしていたかのようにのべる最近流行の説は、まったく誤ったものである。

墓所は、高野山奥之院の弘法大師廟《びょう》の聖地化、法然《ほうねん》・親鸞《しんらん》墓所の聖地化、お告げによる行基《ぎょうき》墓開掘《かいくつ》の奇跡、世情不安を予知して鳴動する多武峯《とうのみね》（藤原氏の祖鎌足《かまたり》の墓）、などについての史料をみるかぎり、絶対不可侵、仏神と同様の地位にまつりあげられている。だがこれらは超人たちの墓である。墓所一般に拡大解釈してはならない。

亡魂は凶作・疫病などの災厄をおこすものという観念がある。そのことへの強い恐怖や、災厄を避け、豊作や国家安穏《あんのん》をいのる「鎮護国家意識」、こういったものが民衆に浸透していたかのような思い込みの誤解が多い。表面的な見方である。ほんの六〇年前ですら、農家では一〇人の子供が産まれ、そのうち七人しか育たない、などといったことはざらにあった。死を永くいたんでいる余裕はなかった。現代の第三世界の情勢、多産と大量餓死をみるがよい。死の日常化した世界は、死への恐怖や死穢観念よりも死への不感症をよぶ。中世民衆は、死を恐れたり、哀しんだり、極楽往生を願ったりしている余裕などない。やむなく死に対し〝ラフ　アンド　タフ〟になる。そまつではあるが子供を供養する地蔵型石仏の造立が増加するのは、経済的余裕のできた戦国時代以後で、このころ戦国新仏教も発展する。

また公家の死穢《しえ》観念が本格的に成立する以前だが、律令制で私有地をもつことが原則として許されなかったころ、九世紀の農民たちは、先祖・他人の区別なく、墓地を含む自分の開墾地全体を「墓所」と称して強引に私有地化した。支配者には墓所不可侵の観念が強くあり、それが被支配者のつけこむすきとなった。被支配者の農民には墓所への恐怖などなかったのである。

延暦寺衆徒《しゅと》は、公家にとって恐怖の的であった呪術シンボル、神輿《しんよ》の古くなったものを、自らの手で破壊したり血で汚したりした（『一代要記《いちだいようき》』、文応《ぶんのう》元年〈一二六〇〉）。公家に新品の神輿を作らせるためである。これを公家は「破損穢気《はそんえき》」（『八坂神社記録』二巻二〇八ページ、少将井神輿）というケガレと感じ、祇園会が延期された。山僧は神罰などまったくおそれていない。魔術からの解放は魔術を使うものの手ではじまった。

物理的素材の示すこれらの事実こそ、絶対に誤りのない宗教史の出発点である。観念論が先走るケースが多い死や鎮魂の問題を考える場合、この地点に自覚的に立ちもどる態度がつねに必要である。中世寺院＝宗教の場との認識は、根拠のない誤った俗説である。

王権の消滅　いくつかの問題点が指摘されているが、王権論の古典、A・M・ホカート『王権《おうけん》』によれば、

現在われわれが知りうる最も初期の宗教は、王の神性《しんせい》に対する信仰である。（中略）初期の記録をみると、人は神々と、その地上での代理である王を崇拝していたように思える。現在の知識では、神々への崇拝が王への崇拝に先行していたと主張することはできない。多分どんな王も神なしでは、またどんな神も王なしでは、存在しなかったであろう。

っていた。

と述べる。これが「王権」である。中世ではもはや昔話であり、純粋王権は古墳時代で終

中国の殷《いん》の王墓では、身分ある人びとを含む五〇〇人もの人びとが殺され、王とともに埋められている。国力の衰退は火をみるよりあきらかなのにそうしたのである。かれらはおそらく進んで死におもむいたのだろう。呪術と軍事力の重要度は、前者が九で後者が一以下であった。日本でも巨大古墳建設にどれだけの人が殉じたか。また使用可能な武器を古墳に埋納したのも非合理である。軍事力を大きく損ずることが明白なのにそうしたのである。この非合理こそが純然たる呪術世界、「王権」の時代の特徴である。

意外にも各国に必ずいた王者の「キミ」と対等にちかい身分で、相対的優越者にすぎない古墳時代の「オオギミ（大王）」こそ王権の保持者であって、その後継者、「神にしませば」と歌われた「天皇」は、官僚制組織（官司制・律令制）の、世襲の頂点ではあるが単なる一機関なのである。

さて中世にもどろう。興福寺僧静範《じょうはん》らは康平《こうひょう》六年（一〇六三）、成務天皇陵《せいむてんのうりょう》古墳をあばき盗掘《とうくつ》をおこなった。平安末期には墓守である陵戸《りょうこ》が減少し、天皇家の先祖の墓所である山陵《さんりょう》の祭祠が形骸化していたことは否めないが、即位・重大事件などに際しての山陵

使の派遣は南北朝期までみられる。東大寺では「山陵読経《どきょう》」が毎年おこなわれている（『東大寺要録』）。山陵祭祠は当然鎮護国家祈禱の一部である。

僧侶、それも最高の寺格をほこる興福寺僧による山陵の盗掘、前代未聞の権威への挑戦、と思うのはわれわれの錯覚である。かれらにとっては財貨を得るために土を掘る。ただそれだけのことで、この程度のことは別段神聖冒瀆《ぼうとく》的な意識にもとづく行動ではない。だが宗教・呪術を論ずる際に、この現実におこった事件を一時でも無視することは許されない。鎮護国家思想の持主からみれば反鎮護国家行為かもしれないが、主観的には非国家的で無宗教の無意識的行動である。「鎮護国家倫理」が、寺院末端僧侶に「内面化」され、その心の奥に刻まれる度合、かれらの「職能意識」の程度はこういうもの、すなわちゼロである。こういう人びとの存在によって、中世社会が呪術におおいつくされた世界などではないことが完全に立証される。公家・武家が境内都市群に対し期待する国家的職能なるものは、実情にあわない理想像である古代国家同様の鎮護国家祈禱であるが、期待される側の寺社にとっては、その義務感は皆無に近い地点まで下落している。

嘉禎《かてい》元年（一二三五）にも、檜隅大内陵《ひのくまおおうち》（天武《てんむ》・持統合葬陵《じとうがっそう》）の盗掘が記録されている。このとき大勢のヤジウマが見物にいった。かれらも盗賊とさしてかわらぬ無宗教人である。

すべてが中世におこなわれた証拠があるわけではないが、盗掘を受けていない山陵古墳は一つもない。もちろん王統の交替などなく、依然として天皇は最高の身分としてつづいているにもかかわらず。

いや各時代の天皇の全体社会における機能の変動をみれば、つづいていないと断定すべきだろう。継体王朝と中世では、天皇制の内実は原型をとどめないほど変質している。埋めがたいほどの断差である。その間に流れた時間を思えば当然ともいえる。なぜそんなに血統の連続にこだわるのだろう。

これらの例は王法の権威などまったく意識しない人びとが、僧侶をはじめ数多くしかもごく普通にいたことを物語っている。天皇家がつづいているからといって、王権もつづいているわけではない。ケガレから隔離されねばならない「王権の宗教的性格」なる観念も、その浸透した範囲を厳密にチェックしなければならぬ。王法仏法相依論《おうぼうぶっぽうそういろん》が通用した場は、全体社会のうちきわめて狭い部分社会、貴族社会とそこ出身の僧侶である貴種・良家の世界のみである。全体社会レベルでは、「王権」は中世以前に完全に消滅していた。

未必の故意

文永《ぶんえい》元年（一二六四）二月、叡山は祇園社に立寄ることなく、電光石火、最短距離の雲母坂《きららざか》経由で下山して西坂本にいたり、眼前の北白川の天皇・

院御所に対する嗷訴《ごうそ》をおこない、放火を企て防御の武士と戦った。二十七日に院はこの行為を指弾して、「こんな暴挙は前例がない。人間のすることではなく天魔の企てだ」(『天《てん》台座主記《だいざすき》』)と怒っている。現代法でさばくなら、院・天皇に対して、必ず殺すつもりではないが死んでも構わない、と思ってする暴行で、いわゆる「未必の故意の殺人」、その予備に相当するだろう(予備は未着手の実行準備、重罪に限り刑罰を適用)。またかりに院・天皇がそこにいないとたとえかれらが知っていたにしても、「王権」への尊崇《そんすう》の念がかけらでもあったならば、このような暴挙にはでなかっただろう。

おいつめられた木曽義仲《きそよしなか》は、殺意をあらわにして、重大な決意で院・天皇の御所を攻撃し、院も死を覚悟した(『平家物語』)。山僧の場合はただのいきがかりである。どちらが王権に権威や存在意義を認めているだろうか。それはいうまでもなかろう。

無神論者にしてアナーキスト

求道《ぐどう》的宗教者と墓盗人《はかぬすびと》とは天地のへだたりがあり、真っ向から対立するもののように一見みえる。だが実情はそうでない。両者は活動する土俵をまったく異にする存在なのである。宗教者と対立するのは同じ宗教者である。学侶と行人以下の対立も、このような意味での意識上の「すれちがい」にすぎず宗教原理の正面衝突ではない。この種のすれちがいはどんな集団にも必ずみとめられる。

唯物論者《ゆいぶつ》かつ無宗教人、さらに王権＝天皇の呪的権威も、「国王権力」という別の意味の王権も、まったく尊敬しない一種のアナーキスト。このような人びとは、飛鳥《あすか》・白鳳時《はくほう》代、律令《りつりよう》国家形成期における共同体離脱者の発生以後、汎時代的《はんじだい》に存在する。両者が同じ社会に隣接して併存しているのは別に不思議ではない。ギリシア神話に盗賊の守り神といわれるヘルメスがいるように、博徒《ばくと》も盗賊《とうぞく》も一面きわめて迷信深い人種であるから、呪術から完全に自由なわけではない。だが王権などの権威的呪術からはまったく自由である。

最近の歴史書のタイトルをみると、「王権」「王権」とヒステリックなほど声高に絶叫している。ケガレ・死穢観念・鎮魂・殺生禁断・極楽往生などの高次元の観念論が確認されるのは、貴族の日記や高僧の著作だけである。ここからは種々のタブーに囲まれた息苦しい世界しかみえてこない。貴族社会という部分社会の思考形態を、全体社会に拡大してよい理由は何一つない。逆にこれこそ貴族社会の特徴と理解するほうが建設的である。

行人以下には鎮護国家職能の自覚などまったくない。村落共同体住人にもそれはほとんどない。祭られぬ亡魂が凶作・疫病などの災厄をおこすという観念はたしかにあった。そのことへの強い恐怖から、鎮魂儀礼により豊作をいのる「鎮護国家意識」が民衆に浸透していたという。豊作祈願は事実として存在するが、鎮護国家は作文者の頭の中にだけしかない。民衆の亡魂への畏怖についても、民衆に接する遊行僧が、学侶の作文をまねて作ったときにまぎれこんだ鎮護国家の定型句にとらわれず、さめた目で見直さねばならない。「偉大な」宗教家と「下等な」墓盗人。宗教学の研究対象としては、前者がその中核で後者をあつかう必要はない。だが歴史学およびその一部を構成する宗教史においては、両者はまったく対等な資格で議論されねばならない。

高僧は雄弁しばしば多弁である。対する民衆はものいわぬ。ピカルーンの墓盗人にもいい分はあるだろう。高僧の著作を読みこめば読みこむほど民衆仏教の実態から遠ざかる。このワナをクリアできる人が少ないのである。高僧の人物史ならそれでよいかもしれないけれど。

だが本書は境内都市史である。一方のいい分だけを聞いて、全体社会を語ってはいけない。科学である思想史・宗教史の客観的研究のスタートラインは、ここ以外にはない。

さて鎌倉には俗人が充満している。だが東勝寺・極楽寺・覚園寺・大仏などの寺々、宗教・呪術空間も決して小さくはない。一方、境内都市には「俗よりも世俗的な俗人」が充満している。そして一部に求道者の集る寺内寺院（子院《しいん》）がある。もし巨大寺院から宗教を取りさったらどうなるか。宗教無縁の行人主体の経済都市という本質はごうもかわらない。カウンセラー的存在の呪術師は多くいる。メンタルケアは祖師画像や仏像などの呪術シンボルへのいのりと対応する寄進、第三次産業により一応満たされている。結局鎌倉と同じである。寺院史に宗教は不要であり、積極的に排除されなくてはならない。両者は一体どこにちがいがあるだろう。そう北条氏の最高権力者、得宗《とくそう》にあたる政治権力が、境内都市にはいないという何よりも重大な決定的相違がある。

「俗よりも世俗的な世俗」はいうまでもなく世俗より先進的である。なぜならかれら呪術師の多くは、みずから呪術を使うだけにその無力を知っており、俗よりも合理主義者がずっと多い。

中世人は宗教・魔術によって動く、大半の思想史・宗教史研究はこの面ばかりを強調する。だがこれは致命的偏見であり、すべてを誤らせる。一方の極を例外として、中世人の絶対多数は呪術崇拝者で、なおかつ無意識の無宗教人である。かれらはまた建前上の王権信奉者であり、なおかつ王権などには無関心である。

明治中期、ベルギーの法学者ド・ラブレーは「日本の学校に宗教教育はあるか」と日本最高の知識人である新渡戸稲造《にとべいなぞう》に問うた。答は「ありません」。ラブレー「宗教なし！

どうして道徳教育を授けるのですか」。新渡戸は即答できず、一〇年間考えたあげく、日本で宗教にあたるものは武士道であると結論づけ、著名な『武士道』という本を出版した。

それはともかく日本・ヨーロッパの一流の知性が、ともに日本人は無宗教という認識で一致していた。無宗教もまた日本の重要な伝統であることを知るべきである。中世の民衆は怪力乱神を語らず、経済生活を最優先しつつ、産まれ生きそして死ぬ。

公家・武家を操作する——王法仏法相依

鎮護国家

「国家」と寺院、政権と仏教の「相互補完《ほかん》」といった意味で強調される王《おう》法仏法相依論《ぼうぶつぽうそういろん》について再度検討してみよう。古代の鎮護《ちんご》国家仏教がまったく国家に従属したものであったのに対し、王法仏法相依論は両者を、車の両輪、鳥の両《りょう》翼《よく》にたとえる対等の思想で、両者はともに栄えともに滅ぶと考える。中世における境内都市の実力の増大を物語る思想である。このなかで鎮護国家祈禱は、中世でも依然として王法側の期待の中心でありつづけた。公家《こうけ》の認識は古代国家段階から少しも進歩していない。寺院の申状《もうしじょう》にも中世を通じて、オウムのようにくりかえし「鎮護国家」の文言が乱発される。古くさい認識にうったえそれが効果をもった。だがこの王法仏法相依論の古代的部分のいささか異常な過大評価は、近年の中世仏教史研究に偏向をもたらし、民衆出身の行《ぎょう》人《にん》・遊行僧《ゆぎょうそう》がリーダーシップをとる境内都市群に、鎮護国家の実質があったかのような誤解を生んでいる。この点に重大な警告を発しておきたい。王法仏法相依論は事実上仏法優位の主張であり、境内都市側に一方的な利をもたらしたのである。

境内都市の公家への要求の際には、嗷訴《ごうそ》とともに鎮護国家法会《ほうえ》のサボタージュである離《り》山《ざん》・閉籠《へいろう》の手段がとられ、公家への呪術的《じゅじゅってき》威嚇《いかく》がおこなわれた。法会の不執行は「国家」の滅亡につながると考えられ、貴族たちの恐怖心をあおり一定の効果があった。

なお本書では鎮護国家祈禱を、それを直接にいのる仁王会《にんのうえ》などだけに限定せず、山陵《さんりょう》使《し》派遣などをふくめ、国家安穏《あんのん》を祈願するあらゆるいのりをさすとみなす。当然である。

ではどこに「一方的な」損得があるか。その細部をみてみよう。つぎの公家法（『中世法制史料集』第一巻、追加法二八〇、建長五年（一二五三））では、

一、興行すべき諸社幣物不法《へいもつふほう》の事

（中略）敬神《けいしん》を本《もと》とす（中略）しかるに祈念《きねん》・月次祭《つきなみのまつり》・神今食《じんごんじき》以下、諸社祭幣帛《へいはく》供神《くしんの》物等《ものなど》、年をおって不法のきこえあり、（中略）、神事の陵夷《りょうい》、もととしてこれによる、

今より以後（中略）ことに謹慎をいたせ、

とあって、神社における鎮護国家祈禱の執行の怠慢と、そのために奉納された財物の私用が問題視されている。仏法側の史料（鎌一〇八五六、文永《ぶんえい》八年〈一二七一〉）では、修正会《しゅしょうえ》・彼岸会《ひがんえ》といった「国家福祚《ふくそ》」の法会が、「参勤《さんきん》の人いくばくならず」という状況であった。寺院も対策をたてた。法会に絶対に不参しない旨の起請文《きしょうもん》を取り、違反者の学侶《がくりょ》身分を剝奪する例（高六巻一三一九、正平《しょうへい》十五年〈一三六〇〉）は極度に厳しい。ここまでしなければならないのである。一般学侶の鎮護国家祈禱への消極的姿勢がはっきりとみてとれる。学侶にあってすら鎮護国家は重大な責務と自覚されていない。出席により供料《くりょう》（サラリー）を得るための雑役にすぎなかったのである。まして行人や遊行僧は。

寺社境内都市の実体

蒙古の使者がきて以来、公家は主要境内都市に祈禱をおこなわせた。それはそれで一応真剣に実行された。だがこの非常事態にあたっても、日吉・春日などの神輿《しんよ》・神木《しんぼく》の発向《はっこう》はくりかえされ、公家を重大な危機に陥れた。鎮護国家理念を境内都市の中下層成員がどのように意識していたかをみよう。

弘安《こうあん》九年（一二八六）には、感神院＝比叡山は三度目の蒙古襲来に備えるため武士たちが京に駐屯《ちゅうとん》している緊迫した状況下、その武士の買得地を奪い居住を排除するよう要求した（鎌一五八八七）。場所は六波羅《ろくはら》近辺の鴨東《おうとう》であるから、たしかに祇園社に権利のある地域かもしれない。だがわざわざこの時期に、「軍事的国家鎮護」の最重要課題である京の守備と九州への進発基地を奪い、そこに住む武士の追放を強要することの意味は重大である。

祈禱は叡山でこの時期にも一応おこなわれており、要求書自体にも武士を追放すれば「天下《てんか》安泰《あんたい》武運《ぶうん》長久《ちょうきゅう》」をいのるつもりだとある。それと武士の排除は問題が別である、とおそらくいわれるであろう。まさしくそのとおり。学侶の一大事と行人の一大事は、まったく別物なのである。この根本的に異質な人びとが同居しているのが境内都市なのである。

鎮護国家は祈禱という仏法の枠にとどまらない。仏法の呪術的武装と、対になる王法の物理的武装があって完結する概念である。その一方を否定するこの主張は明白な反鎮護国家的要求である。

蒙古襲来の戦前戦後に、公家・武家から、あるいは戦勝祈願、あるいは勝利のお礼として多数の荘園が境内都市に寄進された。公家に協力した幕府をふくめ、王法が失い仏法が得たものの損得勘定は、非常にバランスを欠いたものである。悪僧は武勇についてのプライドをもっているが、公家からのおしきせの王法仏法相依論は、それとは異なり、僧侶の内に内面化された思考ではない。寺院への寄進をうながすための弁舌にすぎない。

再度くりかえす。もし仮に中世寺院が鎮護国家祈禱だけをおこなう場であるならば、それは古代寺院となんら変わらない。古代寺院にはいうまでもなく「学侶」しか存在しない。これをつきつめて強調すると、中世に境内都市群が興隆する意義や必然性はまったくなくなってしまう。寺院史研究においては、王法仏法相依論やそれを奉ずる学侶の研究は、瑣末な問題にすぎない。公家法にも幕府法にも頻出する「公人《くにん》・宮仕《みやじ》・犬神人《いぬじにん》等」や悪僧、すなわち行人・遊行僧の研究が中心でなければならない。

かれらはつまらぬ空論とはまったく無縁である。そのかわりかれらには民衆との深い相互依存があり、全体社会と最も深くかかわっていた。一般学侶は無視できない。だが宗教者学侶や高僧史は、寺院の実態を見誤らせる大変な歴史研究の害虫である。

行人・遊行僧史の意義

叡山ではすでに平安末期の行学《ぎょうがく》合戦において、行人方がつねに優勢を保ち、学侶方は公家の援軍を仰ぐ始末である。また永享五年（一四三三）におきた高野山における内紛は学侶＋守護の連合軍 VS 行人の戦いであった（『満済准后日記《まんさいじゅごうにっき》』）。学侶が政治権力に近い立場にあり、行人が被支配者であることが明白にわかる。数字でいえば、鎌倉時代の高野山で学侶四〇〇人対行人二六〇〇人、戦国時代では七〇〇〇坊中の学侶は一五〇坊である。その四〇〇・一五〇から、三〇〇〇・七〇〇〇を説明しようとする境内都市論は考えが足りない。

もちろん少数による多数の支配は、エリート支配でも階級支配の場合もごく普通にあるが、境内都市は数字に比例して、多数者が優位を保っているところがきわめて重要な特徴なのである。

宗教者学侶（一般学侶ではない）の体制擁護思想、鎮護国家、王法仏法相依論が研究者のあいだで強調されるのは、境内都市群を何とか従来の「中世国家」概念の枠内におさめねばならぬ、という切ない願望の現れであろうが、それは絶望的な不可能事である。

王法による仏法の統制手段としては、貴種は何の役にもたっていない。貴種を「成員」に組込むことで、権威づけを試みる古代国家的幻想をもつのは学侶だけである。公家の影である貴種・良家は境内都市の不要品である。高野山・根来寺・粉河寺《こかわでら》・平泉寺《へいせんじ》・石動山《せきどうざん》・豊原寺《とよはらでら》、後期境内都市に貴種・良家はいない。前期の場合も伊勢・吉野・熊野などに貴種はいない。後期境内都市は前期境内都市の発展形態で、後期こそがその理念型である。貴種は境内都市群に打込みそこなった公家のくさび、すなわち部分社会である公家の一機関、公家官僚にすぎない。国家論からみても、宗教者学侶はともかく貴種は境内都市の成員から除外すべきである。実際貴種は日常は京都の貴族の邸宅近隣に住んでおり、天台座主の登山は非常の場合だけであった。

境内都市は構成員が緊密に結合した「組織」ではない。三身分は完全に分裂している。ただこの点を強調しすぎると、寺社はただ有力なだけの人間集合になってしまう。それでは「寺社勢力」に逆もどりである。だが境内都市では三身分が同じ呪術霊を共有し、経済収益獲得・維持のためにだけ協力する。また状況的合意形成システムにより統合されている。きわめてゆるい統合ではあるが、統合された軍・産・学エリートの複合体なのである。

思想ファッション

さて「思想ファッション」の語は、単なる思考の遊びと誤解されるかもしれない。そういう一面もないわけではないが、「食」に充足した層が、食以上の価値を求める欲求と行動は数多くみられる。このステップアップの必然性は心理学のいわば初歩である。中世ではその欲求が仏教という最も身近な思想に向かった。かれらにとってそれは一生をかけるに値するきわめて厳粛な価値であり、そのための出費など惜しまない。極楽往生のいのりもそう、宇治《うじ》の平等院《びょうどういん》などの寺院建立の善根《ぜんこん》もそう、熊野御幸《くまのごこう》など寺社への頻繁な参詣もそうである。一種危険思想をもつとみられ、後に弾圧を受ける法然《ほうねん》への九条兼実《くじょうかねざね》や平重衡《たいらのしげひら》の帰依《きえ》もそうである。

天皇家は本願寺に高い寺格《じかく》と僧位《そうい》・僧官《そうかん》をあたえた。近衛《このえ》家は日蓮宗《にちれんしゅう》に帰依した。これらはその階級的立場とは別次元の行為で、かれらにとって自身の基盤をほりくずす本当の危険思想であるこれらのなかに、思想ファッションを追求した結果である。その失敗はすぐに顕在化した。このあたりに支配階級の弱点がある。

民衆の思考は多く切羽詰った経済的要求に直結するものである。だが戦国新仏教のリーダーには、富裕な町衆・農民などが多い。かれらはそれ以前の民衆と違い、食に充足した人びとである。この経済の発展段階に対応して、猛威をふるったのが戦国新仏教である。

絶対君主フリードリヒ二世は、先進国である母国フランスにおいてすら危険な革命思想家とみなされたヴォルテールを手厚く保護した。プロシアでは革命などおこりえないことを知っていたのである。政治は政治、才能へのあこがれはあこがれと、きれいに割り切っていた。

王の制止を無視して密航したアメリカ独立戦争の英雄ラファイエットは、貴族としての立場から母国のフランス革命を裏切った。自分のこととなるとホンネが行動に現れる。独立戦争への参加も典型的思想ファッションであったことがわかってしまった。

しかしこれらをウソやポーズとしてのみ評価することはできない。ときにはそのために身を滅ぼすことさえいとわない。当事者はその瞬間はこれ以上ないほどの熱い熱い情熱を燃やしているのである。

時代の変わりめ、過渡期にはこのような自滅的思想ファッションが現れる。日本では顕《けん》密《みっ》仏教という思想ファッションが、古代の終焉《しゅうえん》と中世の開始、院政期という時期に、境内都市の荘園獲得という特定の目的のために大きな役割をはたした。南都北嶺の宗教者学侶は、戦国時代にいたるまで、公家の思想ファッションを、先例化して一応つなぎとめた。これにより多くの供物を得て政治的地位を保ち、頻繁に戦国新仏教の弾圧をおこなう力を保持した。だからこそ宗教者学侶は「公家の一部」なのである。だが実はかれらにまさるエリートは、鎮護国家思想などに束縛されず、全体社会を舞台として、三位一体技術を自由に駆使する、より純度の高いエリートたる行人・遊行僧である。

エリート世界

王法仏法相依論に占める鎮護国家の比重についてのべておく。王法側の史料にみるかぎり、それはほぼ純粋な心情の吐露《とろ》である。対して仏法側がこのことばを使う場合は、弁論術の発揮であり、必ず暴力・呪術・弁論の三者のうち前二者がともなった場面である。寺院の既得権の現状肯定、またはその拡大という結論に落着させるための論理である。

院政期における多数の寺領荘園寄進の事例は、公家という部分社会の独裁者たる院、ないし女院の思想ファッションとしての仏法帰依による勧賞《けんじょう》との性格が目立つ。仏法の三位一体技術の大成功である。院登山直後におこなわれた叡山に対する近江国木津荘《きづのしょう》・白山平泉寺《はくさんへいせんじ》・近江富永荘《とみながのしょう》・木徳荘《きとくのしょう》の寄進、院の近臣化した覚鑁《かくばん》の大伝法院《だいでんぼういん》（根来寺）への多数の荘園寄進、高野山への荒川荘の寄進などは、衝動的なもので政治的必然性は感じられない。

ただし問題はその後にある。寺院が偶然的要因で手に入れた荘園を後代まで維持しえたことである。なぜだろう。それは寺院に農地開発のための土木工事をおこない、徴税吏としての技術をもつ人材が多数存在したためである。荒川荘の場合は立荘時《りっしょうじ》には美福門院《びふくもんいん》が検注《けんちゅう》などについての詳細な指示をだしており（平三〇三六、平治元年〔一一五九〕）、女院領としての性格が濃厚であるが、やがて荘園支配権はその手を離れて高野山の手に落ち、しだいに寺院の主体性に任され完全な寺領と化す。境内都市群懐柔《かいじゅう》という政策意図がふくまれていたとしたら、荘園寄進はまったくの失敗であった。

寄進の衝動をおこさせた仏法帰依の思想ファッションは境内都市の操作の一手段である。操作とは自分の真の意図を隠しながら、他を自分の望む方向へと誘導することで、通常は支配者が被支配者に対しておこなう。中世寺院のようなケースはまれである。公家の独裁者であった院を「操作」しえたのは、境内都市の論客かつ呪術師たちが、自分も教養人である院を、はるかに上回る超一流のエリートだったからにほかならない。

なお念仏（南無阿弥陀仏＝なにとぞ阿弥陀如来様お助けください）・唱題《しょうだい》（南無妙法蓮華経＝なにとぞ「法華経様」お助けください）の短い文句さえ、きちんととなえることすらおぼつかない遊行僧のような存在を、「エリート」にふくめるのは抵抗があるかもしれない。だがかれらのまとう都市のコロン、みせかけの知識・情報やかれらの関係的資源は、村落共同体住人にとっては強烈な畏敬《いけい》の対象になるのである。境内都市下層構成員は、境内都市内においてはエリートとはいいがたいが、全体社会次元では一応のエリートであった。都市民の村落に対する尊大な態度もここに原因がある。みなさんも思いあたることがあるだろう。

エリート――悲しみが止らない

本書で使用する「エリート」は、「エリートサラリーマン」といった俗語ではなく、政治学・社会学のエリート理論という分野における学術用語で、「ある社会で高い地位（そのよって来たる根拠は問わず）を占めている機能的集団（たいていは職業集団）」（『エリートと社会』T・B・ボットモア著）という意味である。その構成員個人もエリートとよび、身分・階級と原理的に無関係な一代かぎりの実力者をさす。

実はこの用語については大変な議論がある。マルクスの階級支配説への敵意をふくんで、「有能な少数者による多数者支配」が当然であるとのべ、支配者を弁護する政治的意図をもつ傾向の説が多い。一方「エリート」は平等の出発点から現れる純然たる有能者ではなく、その母体はもともと有利な条件から出発する「うまれながらのエリート」で、これこそ「支配階級」そのものであるという反論もある。

歴史の実態をみるかぎり両者は厳密に区別すべきだろう。原理的にではなく実態として、ボットモアのいう意味のエリートは存在する。ある人間がエリートか階級かの判別の目安は、「よって来たる根拠」が、世襲《せしゅう》など親縁関係によりたやすく獲得した資源か、独力で獲得した資源か、で明確に弁別できる。純粋エリートは身分・階級とは無関係な、原理的に一代かぎりの実力者である。対して支配階級に属する者は、親の七光をどこかで受けている。エリートは「なりあがり者《しゃ》」である。なりあがり手段の合法・非合法についてはは「そのよって来たる根拠は問わず」であるから、いわゆるエリートコースを通過する必要はまったくない。悪僧など非合法暴力集団の長などはまさしく理念型エリートである。

公家・武家と異なり境内都市は、なりあがり優位の世界なのである。重源《ちょうげん》・文観《もんがん》・木食応其《もくじきおうご》といった素性も知れぬ一介の僧侶が、院・秀吉といった権力の頂点にある人びとに会見できる立場に立ったのは、なりあがりの成功例である。鎌倉幕府御家人にまでのぼった、行人に相当する春日社神人もいる。支配階級・エリートの混在と後者の優位が境内都市群の特質である。

階級社会とエリート世界は制度と状況との対応である。制度は全体社会をカバーしていないし、永久につづくわけでもない。状況における主役はエリート以外にない。支配階級・エリート、制度・状況が併存しながら角逐《かくちく》をくりかえすのが、歴史というものである。

寺社境内都市は他の社会に比較してシングルスが多い。「僧の家」出身者とシングルスが併存する世界であるが、これも階級とエリートの対応に関係するといえよう。支配階級は本質的になにも考えず、父祖の財や名誉に安住し、特別な努力や行動をせずにすむのでおおむね心理的安定がある。一方いかに大きな財産・地位・名誉を得ていようと、将来状況的局面の可能性があることを知っており、さらなるなりあがり幻想をもつ以上、エリートに安息がおとずれる時は永遠にない。エリートの悲劇的宿命である。

第二次の都市化と遊行僧

都市化の概念

都市化現象は通常二つの段階としてとらえられる。第一次の都市化は、都市への人口流入とそれを原因とする都市民の意識の変化である。十二世紀には南都《なんと》北嶺《ほくれい》や石清水八幡宮寺《いわしみずはちまんぐうじ》などの境内都市《けいだいとし》が成立し、畿内近国に境内都市のネットワークができた。

第二次の都市化は、都市以外の場への都市的思考・都市的行動様式の輸出である。この幕における主役は遊行僧《ゆぎょうそう》である。前後期境内都市の交替は南北朝時代で、第二次の都市化の時期に対応している。このとき最先端の都市文明・文化が、全体社会の隅々にまで浸透したことの意義は決定的に大きい。遊行僧は都市のコロンをふりまきながら全体社会を闊歩《かっぽ》して、武士、さらに平民たちを魅了し、全体社会の意識に革命をおこした。

境内都市には経済利益追求者のほか、歌・芸能・音楽の追求者、武芸者、宗教者もいる。この多元的価値あふれる世界の空気を共同体世界に「伝導」したのは、遊行僧（時衆一般や山伏など）で、その内容は多彩である。観阿弥《かんあみ》・世阿弥《ぜあみ》をだした能の普及における興福寺の役割は決定的に大きい。時衆や融通念仏宗《ゆうづうねんぶつしゅう》のひろめた踊躍念仏《ゆやくねんぶつ》、これは今日の盆踊《ぼんおどり》につながる。盆踊はトカラ列島まで伝っているが、伝えたのは遊行僧でその活動した範囲がわかる。盆踊のおこなわれる範囲こそが、日本全体社会の空間的最大値である可能性が強い。

遊行僧の活躍

高野聖《こうやひじり》は高野山の人的管理がおよばず、本山の境内都市はコントロール基地となりえていないけれども、その廻国《かいこく》は高野山への参詣者増加につながるから、高野山経済は結果としてうるおう。熊野比丘尼《びくに》も同じである。だから敵対関係にある学侶・行人も廻国を消極的に支持する。寺院組織は遊行僧の把握ができないため、一寺単位ですら形成できなかった。またその必要もなかった。

また熊野那智《なち》西岸渡寺《せいがんとじ》・粉河寺・南円堂を中心とする三十三ヵ所観音霊場信仰、伊勢信仰、大師《だいし》信仰（太子《たいし》信仰と混淆《こんこう》）、「原始日蓮宗」と思われる法華経信仰（六十六部）などの広がりも、高野聖と同列の遊行僧による布教の結果であった。

遊行僧は阿弥陀・法華経・観音・伊勢・地蔵・大師・熊野などの雑信仰をあわせもっていた。勧進のためなら、いかなる信仰も柔軟に利用するという雑修的性格。雑然としたなかにケ＝生々しい日常生活のエネルギーの充満した、食うための経済行為に直結した姿こそ、中世社会にいかにもふさわしい。これぞ中世仏教である。

平家落人《おちうど》や隠里《かくれさと》伝説が全国の隅々にまであるのは、『平家物語』を琵琶《びわ》に合わせて語り、そのコンサート料を生活の糧《かて》とする類の遊行僧の行動半径が、全体社会すべてにおよんでいるためである。興味深い民俗事例をあげよう。尾瀬《おぜ》には「尾瀬三郎伝説」がのこっている。尾瀬三郎という武士が、平清盛の愛人との関係を疑われて、その姫とともに非常に不便な土地である尾瀬に身を隠したというものである。荒唐《こうとう》無稽《むけい》そのものであり、『平家物語』とは程遠い奇妙な変型である。だが地元の英雄尾瀬三郎を登場させる手法は、この地における平家語《へいけがたり》普及の手段として、お国自慢にうったえかけるもので、低俗かもしれないが現地民衆に親しみやすい工夫がされている。亜流文化は独自の輝きをもっている。

日本における第一次の都市化は、南都北嶺型の境内都市の成立。第二次の都市化は、高野山・熊野型の、村落共同体はじめ全体社会への、都市文明・文化と都市的思考形態の輸出である。前者の主役は行人《ぎょうにん》、後者の主役は遊行僧である。二つの都市化にはタイムラグがある。ここに前後期境内都市の区別をする必要がある。本書では高野聖および熊野比丘尼・熊野海民《かいみん》の民衆にあたえた全国的な影響を重視するがゆえに、前期境内都市の主力を南都北嶺、後期境内都市の代表を高野山・熊野などとしたのである。そして後者の汎社《はんしゃ》会《かい》的活動をより重視する。また前期境内都市は数えるほどであるが、後期は無数になる。

平民に参詣を促す勧進の方法は、文字の読めない民衆にもわかりやすい音楽的要素、芝居の要素のある説経節《せっきょうぶし》や、絵巻物《えまきもの》・絵軸《えじく》による霊場案内と参詣勧誘（絵解《えとき》）である。

前後期境内都市の勢力逆転は漸次的であるが、交通史の成果からみて、南北朝期と考えられる。境内都市文化の特徴は、都市で一定の完成をみた文化を各地に画一化したかたちで輸出している点である。もちろん先にのべたとおり各地の特性に応じた柔軟な方式によっている。現在の仏教民俗事例が、相互の比較が可能な程度に似通っている理由はそれである。

伝統文化の成立

南北朝・室町文化は、今日につながる数々の伝統芸術を生みだした。だがその特徴は「質」が高い点にあるのではない。今に伝わらない質の低い文化はその何倍もあった。批判的に語られる時衆の愚行なども低俗文化の一類型である。幕府法では念仏者の行動に禁止がくわえられた。文化統制である。遊行僧は芸人、文化人、または文化人気取りであった。

文化史研究において重要なのは「量」である。さまざまな大衆文化が百花繚乱《ひゃっかりょうらん》と咲き乱れたのが、南北朝・室町時代であって、幅広い基盤の山頂に質の高い文化が成立した。どこの村でもおこなわれていた猿楽《さるがく》や能《のう》と、高い素養を必要とする観世の能との関係がよい例である。一時的な流行にすぎなくとも「低俗文化」に価値がないわけではない。むしろサブカルチャーにこそ大きなエネルギーは宿る。芸術から頽廃までをふくんだ底辺の広さこそが、真の意味における「文化の高さ」である。文化ジャンルに貴賤《きせん》はない。

従来の文化史の問題点は、時代を超越した特殊な個性をもつ天才たちの創造した芸術を素材として、社会背景の像を描いていることである。文化史はサブカルチャーをふくめたあらゆる文化を対象とすべきであり、後者をぬきにして文化を語ることはできない。つまり貴族や貴族化した文化に偏向しているのである。この問題点は宗教史もまったく同じで、宗教的偉人を除外した絶対多数にこそ着目しなければならない。

五来氏は、時衆文芸は、寺社縁起→五説経などの説経節→伝奇的唱導《しょうどう》→浄瑠璃《じょうるり》という進化の末、江戸大衆の文芸となったとされる。広汎な伝播《でんぱ》と全体社会への定着についての定説的な説明であろう。これはさらに浪花節《なにわぶし》から民謡・演歌につながる。境内都市は「ありとあらゆる文明・文化」の発信基地である。全体社会とのケーブルである遊行僧の性能はよくないが、そのゆがみが日本文化に独特の陰影をかもしだしている。

ともあれ十四世紀以後、境内都市から発生した諸文化が、近世庶民文化の主流を占めていることは、こと新しくいう必要はあるまい。まぎれもない都市的自由の空気を輸出した遊行僧の役割の大きさは、いかに強調しても強調しすぎるということはない。

なお遊行僧の活動の背景には、門付や絵解に対する応分の報酬を支出しうる経済的余裕が、一般的に発生していたことが反映していると考えられる。鎌倉時代末期〜南北朝期は経済史上きわめて重要な画期であると思われる。

無権力都市と多元的全体社会

支配者なき民衆世界

公家《こうけ》・武家がそれぞれ本来勤めねばならない仕事は、一元的価値にのっとり、代々つづけなければならない選択の余地のないいわゆる「家業《かぎょう》」「職《しょく》能《のう》」であり、これを怠るとその地位を失う。公家の存在価値とみられる家業、かれらに内面化された価値は、この時代から世襲化した政府機関の仕事や、鎌倉時代にはじまる和歌・蹴鞠《けまり》などである。また武家は軍事・検断行為と、すぐあげられるのだが、境内都市《けいだいとし》群の主人公、行人・遊行僧にはそれがない。公家・武家から期待される職能は鎮護国家祈禱であるが、それを意識しているのは、貴種・良家と宗教者学侶《がくりょ》のみである。一般学侶さえ離山《りざん》・閉籠《へいろう》による鎮護国家法会《ほうえ》不執行《ふしっこう》（ストライキ）を、朝廷に対する政治的・経済的要求実現のための威嚇手段として取引きの道具に使っている。

貴種・宗教者学侶ないしは公家の意識そのままに境内都市をみることから、すべての錯覚が生ずる。かれらは宙にういた異星人であり、寺院研究の対象にはいらない。寺社境内都市＝行人《ぎょうにん》＋遊行僧である。絶対多数を占め実権を握るかれらは、再三のべたとおり商工業者が大半である。そのほか芸能などの文化価値を追求するもの、武芸を磨《みが》くものと多様で、境内都市は多元的価値の場である。もちろん多元的価値を追求する人びとは公家・武家にも多い。だがそれらは余技の域をでることができない。行人以下の意識に国家的職能などは存在しない。武勇や経済的営為こそが本来の職業として自覚され鎮護国家祈禱は余技ですらない。これらの家業は構成員が個々に追求する多元的価値にもとづく。ここには権門体制論《けんもんたいせいろん》の切り札であるいわゆる「国家的職能」という分業体制の通じない世界があり、権門体制論における職能論的社会把握のトライアングルの一角が崩れさる。

重要なのは、公家・武家は権力組織であり、寺社境内都市群は自由都市民の集合という点である。権門体制論における上部構造分析の最大の問題点は、この権力構造の差異の無視にある。

公家・武家が支配階級の結集体であるのに対し、全体社会の一つの巨大な元である境内都市群の中核を占める行人・遊行僧は、本質的には「民衆」である。この相違は決定的に重要である。

境内都市がアナーキーな人間集合である以上、公家・武家と同列に扱うべき「権門」ではない。公家・武家・学侶の三者、だけならば権門体制論はかろうじてなりたつ。それでは歴史学はつまらない国家論の枠内でのスカッシュに終始し、永久に全体社会にたどりつけない。

フロイスは叡山を「日本の最高の大学」とみた（『日本史』弘治《こうじ》二年〔一五五六〕）。境内都市に西欧大学都市との共通面を見出したのだろう。だが境内都市は「学」の場にとどまる存在ではない。いずれの分野においても、一頭地を抜いた軍・産・学の非統治エリート・テクノクラート集住地である。軍産官学複合体の「官」の要素は毛ほどもない。

境内都市の中核は公家・武家の保護を期待できない行人であるが、かれらは日本のどこにもみられない産業センターを作りだして全体社会経済を牛耳《ぎゅうじ》った。また境内都市の文化は、行人以上に自力で生きねばならない遊行僧の活躍、第二次の都市化により、土俗文化・文明と都市文化・文明の融合の末、全体社会の基層《きそう》文化をほぼ完全におおいつくした。

多元的全体社会

中世国家の主権者が誰かということは、幕府か朝廷かというかたちで永く議論されてきた。この問題は結論がでていないのではなく、結論は存在しないのである。九州を制圧し明から「日本国王」と正式に公認された南朝の懐良《かねよし》親王《しんのう》は、形式上は明確に国王である。後村上天皇ではない。応仁の乱のさなか、日本から八〇人にもおよぶ有力者が、臣下の礼をとって祝儀の使者を朝鮮国王に送った事件、いわゆる「観音現象《げんぞう》」を重視するならば、朝鮮国王も主権者の有力候補である。王は東軍・西軍ないし天皇以外の第四の選択肢だったのである。

さて「多元的国家」とよばれる政体が、近代社会分析の一モデルとして仮定されている。多元的価値を追求する人間集合・集団の自律性の強さ、国家主権の相対性といった点が特徴で、ラスキ・マッキーバーらが主張している。多元的国家とは国家そのものと誤認されがちな政府が、一元的・絶対的権力をもたず、政党・経済団体・大衆運動組織など、階級基盤や組織原理を異にする複数の「元」が、均衡を保ちながら併存する国家である。

近代社会の分析概念を前近代に適用することはタブーとされてきた。だが多くの中世史家の指摘する多様な升《ます》の併存、すなわち国内に統一された度量衡制度がないこと、また地頭裁判など自律的な複数の法廷の存在などから、複数元《げん》の存在を推定する研究者は多い。

六波羅にとらわれた非人の身柄引渡しを非人集団が要求した事件は、非人の罪は非人という機能集団自身が裁くという「非人裁判権」があったからである。近世の虚無僧の先駆的遊行僧たる「ぼろぼろの法」や「人買《ひとかい》の大法《たいほう》」なども、機能集団の国家からの独立と自律性を示すものである。ことばこそ使われていないものの、中世における多元的国家説の伝統は古く、つねに研究史の底流として流れている。そしてほとんどの政治事象はこれで説明がつくのである。階級基盤を異にする部分社会、公家、武家さらに寺社境内都市群、また惣村世界・海民世界、及び諸機能集団が重なりあいながら自律的に併存すること。このことは多元的全体社会においては、少しも不自然なことでない。それどころか、これこそその積極的特徴で、そうであるがゆえに多元的全体社会なのである。

そして明確な主権者が不明なのが多元的全体社会である。あえてその最大核や主権者を求めるならば、院→得宗→後醍醐天皇→懐良親王→室町幕府→朝鮮国王→細川氏→石山本願寺とでもなるが、これは正しくもないしさしたる意味もない。承久の乱・蒙古襲来や南北朝内乱という戦争状況も、結局多元的全体社会を変えることはできなかった。

権門体制論は多元的国家論の要素もそなえているが、「本質を同じくし緊密に結びついて」「民衆に」対峙する三権門の相互補完を強調する。この前提で「統合」を論ずる以上、一元的国家論たるを免れない。とすると二権力＋一勢力＝一元的国家。二つの支配者組織＋一つの自由都市群＝一元的国家。二つの階級組織＋一つのテクノクラート集合＝一元的国家。この主張は到底理解しがたいものである。三者は独立した自律的存在であり、相互浸透はあっても融合した複合体などではない。日本は統合された一元的国家でなければならぬという前提に固執するあまり、「権門体制が国王の権力を極小に圧縮しながら、それゆえに国家的統合性が必須」「(天皇が) 観念的権威を伴うことによってのみ存在しうるから、ここに独特の宗教的性格が付与される」といった不必要な主張がなされる。公家や天皇による統合を論ずるなら、境内都市の行人・遊行僧の強固な把握を証明することが絶対の必要条件であり、それは不可能事である。

多元的全体社会には原理的に統合はない。必要なのは紛争解決だけのための合意形成システムである。このシステムは全体社会に対する上からの能動的政策を、領域的にも機能面においてもゼロに等しく欠いている。これが一元的国家と異なる決定的な相違点である。多元的全体社会論の視点からいえば、従来「国家的○○」と表現されていた事象すべてが相対的なものになる。絶対的なのは大法ぐらいである。

室町時代の裁判の過程においては、両当事者が神による判定を求める行為、たとえばぐらぐらにえ立ったお湯の中の真っ赤に焼けた鉄をとりだす鉄火取《てっかとり》・湯起請《ゆぎしょう》がしばしばおこなわれた。やけどのひどいほうが神の怒りをかったとして敗訴とする呪術的判定方式である。応永二十四年（一四一七）の紀伊国の守護裁判では、事前審理さえなく直ちに湯起請を命じている（和二、間藤家文書三八号）。文明十九年（一四八七）には長田《ながた》・志野《しの》という二つの惣村の境界相論があり、守護の眼前での湯起請がおこなわれたが決着がつかず、「中分立合」と決まった（『粉河町史』粉河寺旧記天英本）。将軍への上訴はなかった。守護裁判手続に構造的に組みこまれた神判は、それが神慮を問う神聖なハレの儀礼の外見をもつ、ケ＝日常の状況的合意形成システムであることを示す。

この神判の判定基準の細目を鎌倉幕府が定めている（『中世法制史料集』第一巻、追加法七三）。幕府が神の上にいるわけではもちろんないが、やはり神判が原告・被告の勝敗を決める便宜的手続にすぎないことを示す。これも状況的合意形成システムである。

さて鎌倉末期の武家と境内都市群・公家との間の最大の政治課題は、御家人の荘園侵略の問題であった。これは全体社会の「元vs元」の局地戦である。これは多く幕府の調整・判決による和与（和解）より、両者が半分ずつとか二対一に機械的な土地分割をする「中分」で処理された。純理としての法理による決着などではない。調整ではあるが「調整力」という「権力」の発動ではない。

これは御家人を勢力基盤とする幕府としては苦汁の決断である。すでに荘園全体を事実上支配している御家人にとっては、中分は所領の半分を奪われるに等しい。この政策は御家人を保護すべき幕府の「反動的姿勢」と評価されている。御家人が離反する危険は幕府自身予想できただろう。事実足利尊氏はじめ御家人の反乱により鎌倉幕府は滅亡した。

なぜそんな不利なことをしたのだろうか。幕府はある意味で、公家からも境内都市群からも、全国政権たるを期待されていた。その幕府ですら具体的政策としては、状況的合意形成システムしかもちあわせていなかったということである。幕府が御家人側に有利な決定ばかりを下した場合、対御家人関係とは別次元の、全体社会の暗黙の了解である状況的合意形成を無視するというオキテ破りが、危険をもたらすことを感じていたのである。

鎌倉幕府の裁判では、原告・被告のどちらか一方が御家人でなければ門前ばらいとされ裁判そのものが受理されなかった。それ以外の全体社会の人びと一般に門戸を開くと、他の部分社会との間の摩擦が避けられなくなる。最大元の幕府でさえ、それを避けるべきだという認識があった。多元的全体社会の特徴がよくみえる。武士の台頭というような一面的な歴史把握では、幕府の自殺行為とでもいうべき中分などの事実を説明できない。

室町時代以後は徐々に状況的合意による決着が減る。だが重大な問題に関してはやはりそれが姿を現す。幕府という最大元のディスポット、将軍義持は生前に後継者を指名することができなかった。没後クジにより後継者義教が決められた。

当時の農村は荘園領主・武士さらに惣村の角遂《かくちく》の舞台であった。荘園・公領には自称領主を含めた複数の領主がいた。誰が年貢を徴収するかは、先に徴税使を入れたものの早いものがちというケースが多かった。ところが一旦納めた筈の年貢につき、別の領主が納入命令を出してくる場合がある。農民は当然激しく反発する。そのような訴訟を提起された幕府・守護はこれを「二重成《にじゅうなし》」とよび、誤った領主に年貢を納めた農民に責任をかぶせて関知しない姿勢をとった。自分が悪いのだから二重にはらえというわけであるが、正当な領主が誰かを認定する領主認定権、というきわめて重大な権力を放棄したのである。

また文亀二年（一五〇二）には、和泉南部の所領を激しく争っていた守護と根来寺が、「半済《はんぜい》」（利益の折半）によって和解した（『政基公旅引付《まさもとこうたびひきつけ》』）。仲介者はなかった。

似たような例はまだまだある。降参した敵の命を助けるかわりに、その所領の半分を奪う「降参半分《こうさんはんぶん》の法」という法がある。これで敵対行為の罪を阻却《そきゃく》するのだが、怨念に満ちた殺しあいはどこへいったのだろう。また「喧《けん》嘩両《か》成敗法《りょうせいばいほう》」も中世に起源をもつ。どちらに非があるかを調べもしない。これらも便宜的決着という点で共通する。

世界のいつでもどこでも、現実とはこうしたものであるといってしまえばそれまで。だがやはり日本中世のありかたは、あまりにも法理念が不明確であり、また実定法の通用範囲がせますぎ、理解に苦しむ事象が多々ある。だが一方このような合意形成は、いかにも日本的とも思える。

権門体制の三元論（三権門）では国家論は完結しない。一応「国家」の中心とされる公家が、全体社会の元の一つにすぎないからであることはもちろん、機能集団も元であり、複数元に属する人間のほうが多いからでもある。中世は、①入勝・一の店・一の杭、②クジ・神判、③中分・折中・半済、という無難なだけで、理念のかけらもない紛争解決だけのための政治力学で動いていた。部分社会レベルでも全体社会レベルでも。自律的部分社会が多元的価値を追求しつつ、状況的合意形成システムのもと複雑にからみあう、そういう多元的全体社会であった。

③にはわずかに人智がはいる余地があり、これは中世の伝統的法理念でもある。だが①②はいわば単なる偶然による決定である。①がありえた理由は、資源をめぐる競合がまだ激化していない時代だったからである。その点中世はボヘミアンである。

なぜ多元的全体社会が、五〇〇年も続いたのか。寺社境内都市群のみならず他の元にも、多元的価値の併存状態があったためである。

近代社会の「多元的国家論」は、多元性を最初にのべながら「調整力としての権力」を復活させた結果、不徹底な概念になってしまった。権門体制論における天皇の位置づけが、近代多元的国家論における「調整力という権力をもつ国家」という主張と酷似しているのがおもしろい。全体社会が実定法を共有している近代以後についての多元的国家論はもはや古い。だが新しい多元論、日本中世の多元的全体社会は現実そのものなのである。中世多元的国家は、全体社会におけるその時点での最有力元と、直接の相互行為の応酬をする部分社会の集合である。ゆえにしばしば流動する。

多元的全体社会と王権

中世が一応の呪術世界であることはまちがいがない。だが中世は呪術においつくされた時代でないことも歴然としている。近年の研究は前者を異常なほど一面的に強調するものばかりである。それは誤りである。原始・古代社会と異なり、中世では大半の呪術儀礼の背景に費用の裏づけが必要であった。もはや呪術万能の時代ではない。両者の比重は、呪術三、費用七といったところであろう。中世には歴然たる合理主義もあきらかに出現しており、呪術と合理主義が混在している時代

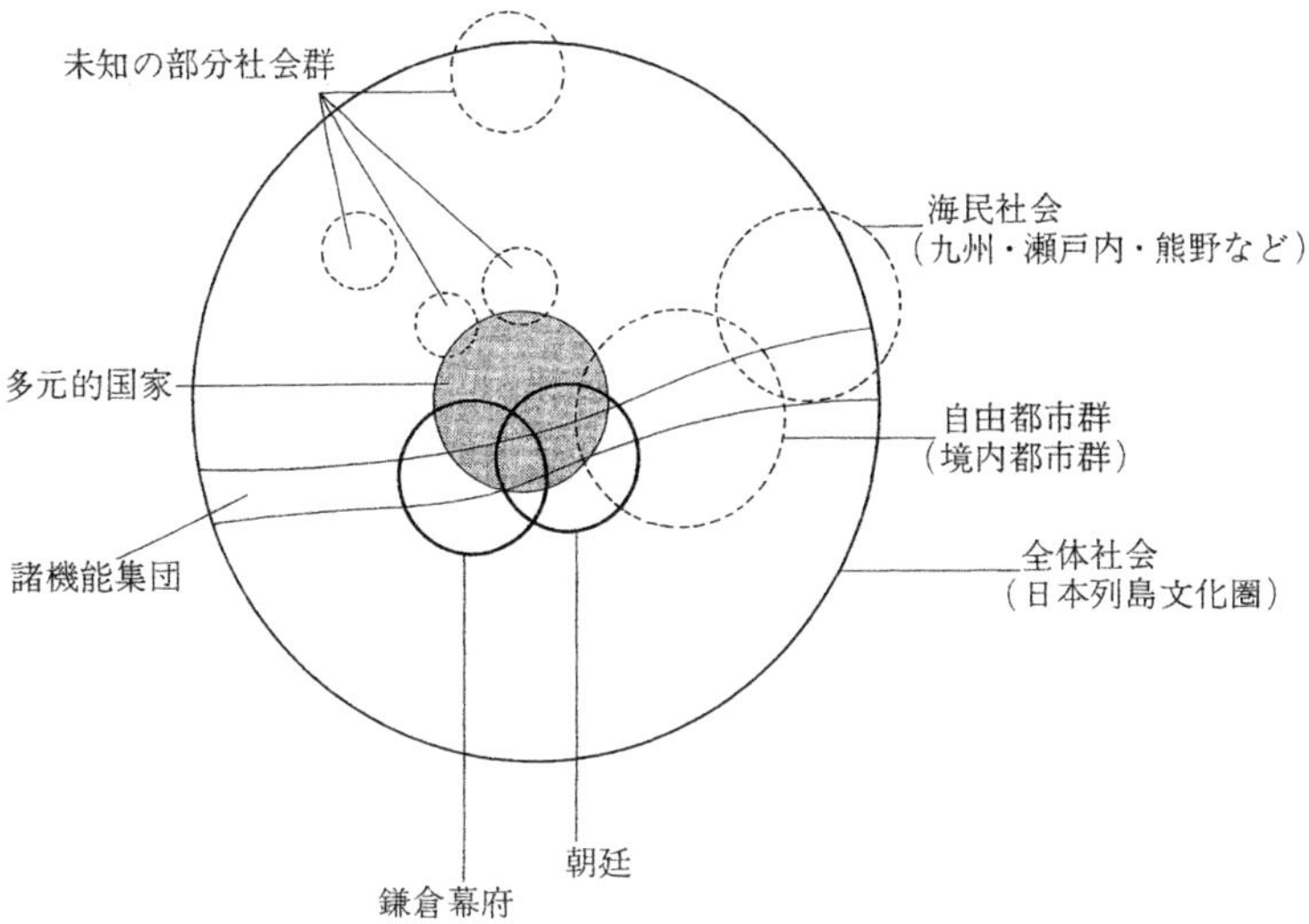

図18　全体社会図（鎌倉時代）

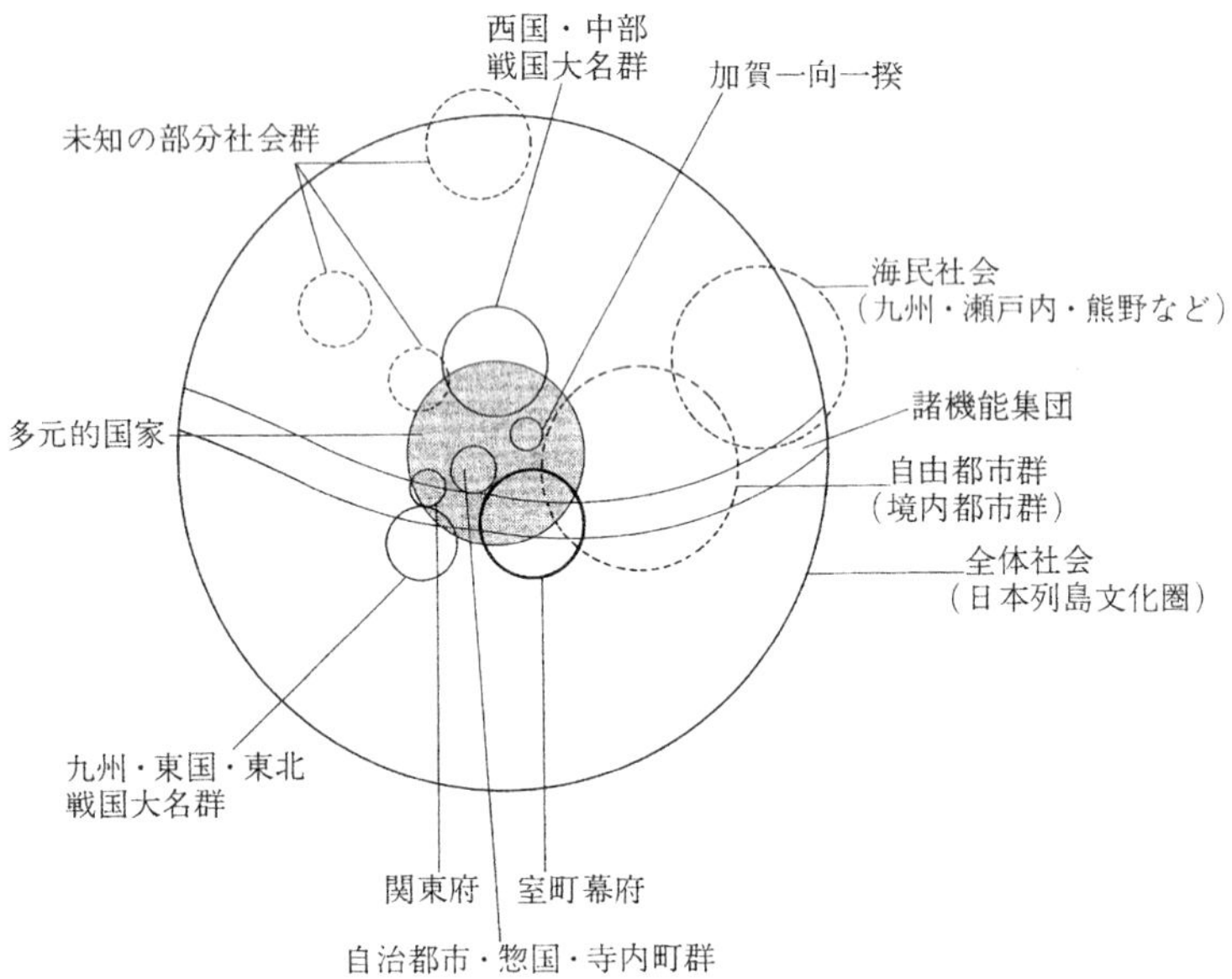

図19　全体社会図（戦国時代）

である。経済観念は合理主義の最たるものである。経済をぬきにした「心性史」は信ずるにたらない。この時代は魔術からの解放の一過程、一つの歴史的段階なのである。このことを「王権論」についてもう一度みてみよう。

院政期になると、院・天皇に対するあからさまな非難が公家の日記に記されるようになる。鳥羽院《とばいん》は自らの出生に際し神の告げがあったという奇瑞譚《きずいたん》を藤原頼長《よりなが》に物語った。天皇家に生を受けたという血統性が問題なのではなく、鳥羽院個人が「神の申子《もうしご》」で神の恩《おん》寵《ちょう》を受ける者であることが強調されるようになる。

すなわち天皇はそのままではカミでなくなったのである。院みずからが皇統を「王権」として維持することを断念したわけである。カミであった時代からつづく宮中儀礼はそれ自体として自己運動するが、かかる強制力とならない呪術儀礼では、天皇を「王権」たらしめることはできない。天皇は中世以前に、宗教・呪術的権威をまとった求心力をもつ「王権」でなく、部分社会たる公家の「一機関」に転落していた。

後醍醐天皇の討幕の企ては「主上御謀反《しゅじょうごむほん》」といわれた。これは全体社会秩序に対する公家の一機関の挑戦なのである。中世・近世は、王権にあらざる天皇制の時代で、天皇家の系譜的連続性を無意味なものにした。それほどの決定的断絶である。「中世王権」は求心力も統合機能も皆無となり、幕府などと同格の「元」に変化している。境内都市群が世俗的存在として、同時期に立ち現れたのも偶然ではない。職人が権威と仰ぐ対象は、西国では多く天皇、東国では頼朝である。祖師信仰というべき建築職人の聖徳太子信仰も忘れてはならない。多元的国家・多元的全体社会は多元的権威の場でもある。元は同質ではないが完全に同格である。このような中世社会に終止符を打ったのが比叡山焼討で、多元的社会が崩壊し、一元的国家にちかいものが誕生したのである。

明治から終戦までという異常な長期にわたって、日本は理念型といってよいほどの、類をみない強固な一元的国家を経験した。このことの残像が依然としてのこっているため、これを肯定的また否定的に評価する両方の論者ともに、日本は通時的に一元的国家であったかのような観念に呪縛されている。だが幕末に外国人が日本を、典型的多元的国家ではないが一元的国家とも断定できない「連邦国家」とみたように、日本における一元的国家はきわめて例外的な存在であった。そろそろつまらない思い込みと決別すべき時がきた。

動揺をつづけ流動する主権者が、全体社会という大舞台のほんの小さな「お立台」の上でピエロを演ずる。これが「多元的全体社会」である。無権力経済都市五〇〇年。十一～十六世紀、「中世」とよばれる時代と完全一致する。こんな時代もあったのである。

境内都市の行方――エピローグ

自由都市の死

自由都市の歴史において日本は重要な位置を占める。南都においては十二世紀初頭以前、おそらく十一世紀中葉に、門内・門前都市が成立していたとみられる。延久三年（一〇七二）以後の京においても。とすると寺社境内都市は、十分成立年代が確定されていない十二ないし十三世紀の西欧自由都市（実はギルド支配の反自由自治都市の可能性大）と同時、あるいはそれより古く発生した世界最古の民衆による無権力の自由都市ということになる。被支配者にしてエリートという人びとが実権をにぎる社会は、相当に先進的であるといえよう。現代社会においてすらまれであり、世界史的にみてもきわめて特異な事例である。

この都市の発生と第一次の都市化の出発点に、一切衆生《いっさいしゅじょう》に開かれた境内《けいだい》、門前における救済事業があり、それ以前に餓死していた人びとに、商工業者として力強くたちあがるチャンスがあたえられたことは特筆される。世界宗教たる仏教の本領発揮である。第二次の都市化時点においては、遊行僧《ゆぎょうそう》たちに応分の喜捨《きしゃ》をしうるところまで、全体社会に経済的体力がついていたことが大きい。

さて商工業を独占する座を撤廃した楽市楽座令《らくいちらくざれい》は、新興商工民の意志に沿った経済政策であった。座員の大半は寺院の権威を仰ぎ、その特権の相当分を寺院に納税する境内都市成員である。この法は座外商人の飛躍をもたらし、境内都市に致命的打撃をあたえたものといえる。また境内都市の経済基盤であった関所の撤廃も大きなダメージであった。

だがそれ以上に重要なのは、門内・門前職人の自立である。かれらが室町幕府・後北《ごほう》条氏《じょうし》や信長・秀吉・家康の要望を受け、それに直結しうる技術力と名声を得るようになったことが重要である。以上は門前の独立というより、門内外の商工民の自立である。

境内都市の行方

旧境内都市の運命はさまざまである。東大寺の門内は温存された。比叡山は秀吉の保護を受けて復活した。根来寺《ねごろでら》は滅亡したままであった。高野山は学侶《がくりょ》中心の山上だけの「寺内町」になった。寺院が社会的勢力ではなくなったので、その運命は為政者のまったくの気まぐれで決まった。社会問題にはならなくなったのである。寺院は寺社奉行の管轄下におかれた。微弱な治外法権はのこるが自律性・至高性は権力的に破壊された。治外法権の絶対・相対は、中世・近世をわける指標である。

秀吉政権、幕藩制国家の特徴は、全体社会をはじめて正面からみつめようとした点にある。太閤検地《たいこうけんち》の歴史的意義は、中世の検注帳《けんちゅうちょう》未登録の土地、いわゆる隠田《おんでん》などの摘発による国土の完全把握で、全体社会の領域的確定の試みである。鎖国も海外日本人の活動地域に対する利権の放棄という大きな犠牲をはらって強行された同じ意味をもつ政策である。国家による全体社会経済掌握・統制を政策の基本においている点に注目すべきである。

叡山・根来寺焼討ち、興福寺・高野山の降伏は、従来認識されている以上に大きな意義がある。境内都市の自律性・至高性、そして自由が失われた時点で、その政治的な死をみるのは当然であろう。全体社会の民衆エネルギー、自由発散の場が失われたことは、社会の進歩とはいいがたい面がある。

それにしても従来の学説を否定することなく、単に「中世寺院境内＝無権力経済都市」とみなおすだけで、歴史像は一八〇度も二八〇度も変化する。これが歴史の楽しさなのである。

主要参考文献

『一遍聖絵』（新修日本絵巻物全集、一九七五年、角川書店）
伊藤正敏『中世の寺社勢力と境内都市』（一九九九年、吉川弘文館）
伊藤正敏「女人禁制の経済的意義」（『長岡造形大学ＮＩＤ論集Ⅲ』一九九九年）
今谷明『戦国期の室町幕府』（一九七五年、角川書店）
今谷明『天文法華の乱』（一九八九年、平凡社）
今谷明・高橋康夫共編『室町幕府文書集成』奉行人奉書篇（一九八六年、思文閣出版）
勝俣鎮夫『戦国法成立史論』（一九七九年、東京大学出版会）
勝俣鎮夫『一揆』（一九八二年、岩波書店）
北村優季『平安京』（一九九五年、吉川弘文館）
五味文彦編『都市の中世』（一九九二年、吉川弘文館）
黒田俊雄『寺社勢力論』（一九八〇年、岩波書店）
黒田俊雄『黒田俊雄著作集』1〜8（一九九四〜九五年、法蔵館）
『古事類苑』宗教部（一九六七〜六九年、吉川弘文館）
五来重『高野聖』（一九六五年、角川書店）

坂本孝一「『入勝』考」(『史学雑誌』九七—六、一九八八年)
『太平記』(一九六二年、岩波書店)
高橋公明「外交儀礼よりみた室町時代の日朝関係」(『史学雑誌』九一—八、一九八二年)
高橋康夫『京都中世都市史研究』(一九八三年、思文閣出版)
高橋康夫ほか編『図集　日本都市史』(一九九三年、東京大学出版会)
『天台座主記』(続群書類従第四輯下、一九七八年、続群書類従完成会)
豊田武『座の研究』(豊田武著作集第一巻、一九八二年、吉川弘文館)
『奈良市史』通史二(一九九四年、奈良市)
『信長公記』(一九九二年、角川書店)
幡鎌一弘「近世寺僧の『家』と身分の一考察」(『ヒストリア』一四五、一九九四年)
原田伴彦『日本町人道』(一九六八年、講談社)
平岡定海『日本寺院史の研究』(一九八一年、吉川弘文館)
福井県勝山市編『図録　平泉寺』(一九九三年、福井県教育委員会)
藤木久志『戦国の作法』(一九八七年、平凡社)
フロイス『日本史』1(一九六三年、平凡社)
『平家物語』(一九六〇年、岩波書店)
ホカート『王権』(一九八六年、人文書院)
ボットモア『エリートと社会』(一九六五年、岩波書店)

松本新八郎「狂言における都市と農村」(『文学』一六—一二、一九五二年)
安田次郎『中世の奈良』(一九九八年、吉川弘文館)
吉永義信『日本の庭園』(一九五八年、至文堂)
和歌山県教育委員会編『根来寺坊院跡』(一九八九年、和歌山県教育委員会)
脇田晴子『中世の京都と祇園祭』(一九九九年、中央公論社)

あとがき

本書は先に『中世の寺社勢力と境内都市』（吉川弘文館）でのべた新説を、日本史の研究者にかぎらず、広く一般の人びとに読んでいただきたいと思い、それを平易に書きなおしたものである。読了後さらに関心を深めた方々には、ぜひこの本を参照していただきたい。多少専門的な書であるが、史料を数多く載せており具体的で、割愛した部分もおもしろい。ただ本書にはそれ以後に気付いた論点があり、内容的には向上している。またそこで述べている都市・宗教の定義といった大きな問題は本書では割愛した。もうすこし考えを深めたいがゆえの保留である。それについての現在の意見はそこで書いたとおりで変わっていない。境内都市というテーマは広くそして深い。進化するテーマであるから、到底完成というわけにはいかない。

さて近年、柔軟な発想、やわらかい頭、というものがもてはやされている。これはウソである。アタマは第一段階では頑迷《がんめい》なほど固くなければならない。でなければ何をやっても中途半端な柔軟しか思いつかない。カタすぎるアタマで突き詰めて突き詰めて、どうしても解決できない問題にぶつかったとき、はじめて「発想の転換」が可能になる、というよりそれを余儀なくされる。柔軟な発想の前提は頑迷な思考による一見無意味な試行錯誤の蓄積で、これが大切なのである。

本書は政治史・経済史であって宗教史ではない。だが実際問題、だれひとり疑うもののない寺院と宗教との密接な関係を、切りはなすには勇気がいった。学侶史・高僧史の排除にも度胸がいった。だがこれらにこだわるかぎり、寺社はヴェールにつつまれたままでありつづけ、客観的分析から遠ざかる一方である。このとき私以前の「寺領荘園研究」や「座の研究」が、いずれも寺院を領主一般としてしかあつかわず、宗教にふれることなく、しかもすばらしい成果をあげていることに思いあたった。視角によっては、宗教ぬきで巨大な寺院勢力という存在を説明できる。このことに気がついたのは先のような苦悩の末であった。

本書の説は筆者の完全な創始とはいえない。寺院＝世俗＝商工業地域＝経済都市という図式は無言の常識でもあった。わが「旧説」の新しさは、寺院境内が都市、しかも宗教都市でなく経済都市であることの「断言」だけである。寺院の本質が宗教以外のところにあることを、従来の論者は感じつつ明言しなかっただけである。学侶・高僧史の排除も同じである。

また本書は黒田俊雄氏の「権門体制論」「寺社勢力論」の克服という目的をもっていたが、氏の「国家」の表現に「全体社会」を代入することによって、「多元的全体社会」「境内都市群」が結果的にできあがった。その意味で氏の構想の延長線上にあることになる。やはり黒田氏は偉大であった。一方、法学・政治学・社会学の用語は、高校の「政治経済」の知識で十分理解できるものにすぎず、学際レベルには達していない。

この借物の境内都市論によって、世界最古の自由都市の発見、などさまざまな新しいもの、つぎの百年、つぎの一千年につながるものがみえてきた。結果的に中世史の枠組みに接触するコロンブス・エッグになったと思う。

なお本書は筆者の勤務する大学の四年生、長沼吉嗣君にチェックをお願いした。私が教わったことのほうが多かったのではないかと思う。

二〇〇〇年一月

伊藤正敏

著者紹介

一九五五年、東京都八王子市生まれ
一九八〇年、東京大学大学院人文科学研究科修士課程修了
現在、長岡造形大学環境デザイン学科助教授

著　書
中世後期の村落　中世の寺社勢力と境内都市

歴史文化ライブラリー
86

日本の中世寺院
忘れられた自由都市

二〇〇〇年(平成十二)二月一日　第一刷発行

著　者　伊《い》藤《とう》正《まさ》敏《とし》

発行者　林　英　男

発行所　株式会社　吉川弘文館
東京都文京区本郷七丁目二番八号
郵便番号一一三―〇〇三三
電話〇三―三八一三―九一五一〈代表〉
振替口座〇〇一〇〇―五―二四四

印刷＝平文社　製本＝ナショナル製本
装幀＝山崎　登

歴史文化ライブラリー

1996.10

刊行のことば

現今の日本および国際社会は、さまざまな面で大変動の時代を迎えておりますが、近づきつつある二十一世紀は人類史の到達点として、物質的な繁栄のみならず文化や自然・社会環境を謳歌できる平和な社会でなければなりません。しかしながら高度成長・技術革新にともなう急激な変貌は「自己本位な刹那主義」の風潮を生みだし、先人が築いてきた歴史や文化に学ぶ余裕もなく、いまだ明るい人類の将来が展望できていないようにも見えます。このような状況を踏まえ、よりよい二十一世紀社会を築くために、人類誕生から現在に至る「人類の遺産・教訓」としてのあらゆる分野の歴史と文化を「歴史文化ライブラリー」として刊行することといたしました。

小社は、安政四年(一八五七)の創業以来、一貫して歴史学を中心とした専門出版社として書籍を刊行しつづけてまいりました。その経験を生かし、学問成果にもとづいた本叢書を刊行し社会的要請に応えて行きたいと考えております。

現代は、マスメディアが発達した高度情報化社会といわれますが、私どもはあくまでも活字を主体とした出版こそ、ものの本質を考える基礎と信じ、本叢書をとおして社会に訴えてまいりたいと思います。これから生まれでる一冊一冊が、それぞれの読者を知的冒険の旅へと誘い、希望に満ちた人類の未来を構築する糧となれば幸いです。

吉川弘文館

〈オンデマンド版〉
日本の中世寺院
忘れられた自由都市

On Demand
歴史文化ライブラリー
86

2017年（平成29）10月1日　発行

著　者　伊《い》 藤《とう》 正《まさ》 敏《とし》
発行者　吉 川 道 郎
発行所　株式会社　吉川弘文館
〒113-0033　東京都文京区本郷7丁目2番8号
TEL　03-3813-9151〈代表〉
URL　http://www.yoshikawa-k.co.jp/

印刷・製本　大日本印刷株式会社
装　幀　清水良洋・宮崎萌美

伊藤正敏（1955～）

ISBN978-4-642-75486-6